Über dieses Buch Als »Spuren des Paradieses« bezeichnet Wolfgang Kraus die Ideale, in denen er das einzig mögliche Gegengewicht zu den verhängnisvollen Strömungen sieht, denen sein letztes Buch »Nihilismus heute« gewidmet war.

In einer Zeit wachsender Politikverdrossenheit erscheint es dem Autor besonders wichtig, an jene Ideale zu erinnern, aus denen in jahrhundertelangen Kämpfen die demokratischen Staatsformen hervorgegangen sind. Nur wenn wir sie vor innerer Aushöhlung bewahren, kann die Demokratie lebensfähig bleiben. Zur Untermauerung dieser These zieht Wolfgang Kraus Beispiele aus allen Wissensgebieten heran. Er geht der Frage nach, inwieweit das Streben nach Idealen zum Wesen des Menschseins gehört. Er unterscheidet zwischen universell gültigen und kulturell bedingten Idealen, untersucht die subjektiven Komponenten, die die persönliche Entscheidung für oder gegen ein bestimmtes Ideal beeinflussen, zeichnet die geistesgeschichtliche Entwicklung der historisch bedeutsamsten Ideale nach, ihre religiösen Aspekte sowie ihre Darstellung oder Verwandlung in Kunst und Literatur. Vor allem aber geht es Wolfgang Kraus immer wieder darum, an Beispielen aus der Gegenwart und der jüngsten Vergangenheit die sehr realen Gefahren des Mißbrauchs und der Verfälschung von Idealen zu demonstrieren: Wer, statt sich mit der mühseligen Suche nach irdischen Spuren zu begnügen, das Paradies auf Erden zu verwirklichen sucht, ist auf dem sichersten Weg, die Erde zu einer Hölle zu machen.

Der Autor Wolfgang Kraus, Dr. phil., geboren 1924 in Wien, war seit 1946 Lektor in Wiener Verlagen, Mitarbeiter verschiedener Rundfunkstationen, Zeitschriften und Zeitungen. Er ist Gründer und Leiter der Österreichischen Gesellschaft für Literatur und Autor vielbeachteter Bücher, u.a. ›Der fünfte Stand‹, ›Die stillen Revolutionäre‹, ›Kultur und Macht‹, ›Die Wiederkehr des Einzelnen‹, ›Nihilismus heute oder die Geduld der Weltgeschichte‹ (Fischer Taschenbuch, Band 4348).

Wolfgang Kraus

Die Spuren des Paradieses

Über Ideale

Fischer Taschenbuch Verlag

Durchgesehene und erweiterte Ausgabe
Veröffentlicht im Fischer Taschenbuch Verlag GmbH,
Frankfurt am Main, März 1988
Lizenzausgabe mit freundlicher Genehmigung
des Paul Zsolnay Verlages Wien / Hamburg

Umschlaggestaltung: Jan Buchholz / Reni Hinsch
Gesamtherstellung: Clausen & Bosse, Leck
Printed in Germany
ISBN 3-596-23878-1

Alles Lebendige sucht nach einer besseren Welt.
KARL R. POPPER

Laßt euch nicht mehr einreden, wir wären
die Lebensunfähigen und Fruchtlosen
einer End- oder Spätzeit.
PETER HANDKE

Nur ein Schilfrohr, das zerbrechlichste in der Welt,
ist der Mensch, aber ein Schilfrohr, das denkt.
Bemühen wir uns also, richtig zu denken.
BLAISE PASCAL

Inhalt

Vorwort

Ist ein Leben ohne Ideale noch ein erfülltes Leben? Führt ein solch reduziertes Leben nicht zu Überdruß, Depression und Selbstzerstörung? Was bleibt vom Leben, wenn die Ideale daraus verschwunden sind?

Andererseits kann man nicht übersehen: in unserem Jahrhundert gab es enttäuschende Erfahrungen mit Idealen. Im Nationalsozialismus wurde von Idealen gesprochen – allzu viele folgten diesen Aufrufen oft bis in den Tod. Der Kommunismus begann seinen Aufstieg zur Weltmacht mit dem Anspruch auf sehr menschliche und hohe Ideale – bis in den Staaten des »Realen Sozialismus« gerade diese Ideale erstickt wurden.

Sind Ideale drogenartig wirkende Illusionen, Erreger phantastischer Euphorien, auf die nach zeitlich begrenzten Phasen der Lebenssteigerung unweigerlich die Ernüchterung oder der Zusammenbruch folgen? Ist es daher – wie man in der skeptischen Generation nach dem Zweiten Weltkrieg oft meinte – allein richtig, Ideale von vornherein abzulehnen?

Anders denkt darüber die jüngere Generation, die sich neuen oder alten Idealen zuwendet, weil mit jeder Jugend von Natur aus die Überzeugung heranwächst, daß das Leben unausgeschöpfte Möglichkeiten enthält. Mit jedem Einzelnen wird der Impuls geboren, die Welt, wenn auch nur um eine unerdenklich kleine Spanne weiterbewegen, verbessern und verschönern zu wollen. Hat die Jugend damit unrecht?

Der Begriff Ideal ist mit der Situation des Aufbruchs, mit einer noch offenstehenden Zukunft, mit dem Morgen eines noch vieles versprechenden Tages verbunden. Man könnte beim ersten Hinsehen sogar sagen, daß Ideal und Erfahrung einander im Weg stehen, weil Ideale meist dort am stärksten leuchten, wo der kritische Maßstab der Erfahrung noch fehlt. Läßt sich diese Beobachtung aber verallgemeinern?

Gibt es Ideale nicht auch zu einer nach dem subjektiven Empfinden späten Stunde, und sind nicht vielleicht gerade diese Ideale von besonderem Ernst und besonderer Kraft? Ist man nicht während langer historischer Phasen insoweit einer falschen Psychologie gefolgt, als man Ideale vor allem mit pubertärer Schwärmerei und dem Fehlen jeglicher Lebenserfahrung gleichsetzte?

Dieses Buch befaßt sich nicht nur mit den Inhalten der Ideale, sondern ebenso mit deren Beziehung zur Realität. Oft scheint man heute zu vergessen, wie viele Ideale es gegeben hat und heute noch gibt; ich versuche, sie wieder bewußt zu machen und, soweit sie noch gegenwärtig sind, auf ihre Brauchbarkeit für jeden Einzelnen, gemäß seinem Wesen, der Situation, in der er sich befindet, und der Zeit, in der wir leben, zu untersuchen.

Daß ich nur die Ideale und nicht die Wirklichkeit vor Augen habe, wird man mir schwerlich vorwerfen können. Von falscher Romantik, Demagogie und Selbsttäuschung ist in diesem Buch oft die Rede, gerade die Balance zwischen Mut, Optimismus und der kritischen Einschätzung der Möglichkeiten ist eines meiner Hauptthemen. Es ging mir darum, einige Konstellationen von Idealen zu zeigen und psychologische Kriterien zu finden, die solche Konstellationen entstehen lassen und verändern können.

In meinem vorangegangenen Buch »Nihilismus heute oder Die Geduld der Weltgeschichte« befaßte ich mich ausführlich mit Ursachen und Wirkungsweise jener Kräfte, die Ideale zerstören, verhöhnen, lächerlich machen. Hier sollen den oft aus dem Unbewußten hervorbrechenden zerstörerischen Energien, die aus verschiedenen Gründen Hoffnungen nicht aufkommen lassen, die Ideale entgegengesetzt werden.

Eine Topographie der Ideale also, nach der ein Weg gefunden werden kann? Auch Landkartenlesen will gelernt sein, und erst die eigene Bewegung bestimmt den tatsächlich eingeschlagenen Kurs.

Aus meinem Buch wird deutlich, wie ich gleich am Anfang bekennen will, daß ich einer Generation angehöre, die den Aufstieg politischer Ideale erlebt hat und aus den Katastrophen, die daraus entstanden, entweder nicht oder mit Information aus erster Hand zurückgekommen ist. Die Beobachtung von Intellektuellen aus den kommunistischen Staaten, unter denen ich viele Freunde habe, ist ein Teil meines Lebens, auch das wird in diesem Buch merkbar.

Ich hatte Gelegenheit genug, mitzuerleben, was – sowohl im privaten als auch im politischen Bereich – Ideale bewirken können. Man lernt an vielen Beispielen und eigenen Versuchen, wieviel höher man zielen muß, um zu treffen, um wieviel mehr man erhoffen soll, um das Erreichbare zu erreichen – wie sehr man Ideale vor Augen haben muß, um seine Vorstellungen bestmöglich zu verwirklichen. Man gelangt gleichzeitig zu der Erkenntnis, daß wir niemals das Paradies auf Erden erreichen werden, wohl aber imstande sind, Spuren dieses Paradieses zu finden und ihnen zu folgen.

Was sind Ideale und woher kommen sie?

Ideale sind Wunschentwürfe, die über die Wirklichkeit hinausführen und allgemein Wünschenswertes einbeziehen.

Sie berühren den Einzelnen und wirken durch ihre Überzeugungskraft. Aggressive Gewalt und Freiheitsbeschränkung in ihrem Namen verraten bewußt oder unbewußt diese Ideale.

Selbstvertrauen, Phantasie, Hoffnung, Sinnglauben und Lebensfreude erwachen mit den Idealen. Ideale stehen für die Zuversicht, daß eine Entwicklung zu besserem Erkennen, Denken, Handeln und damit die Schaffung einer besseren Welt möglich sind.

Die Chancen für die Verwirklichung des Erreichbaren steigen mit dem klaren Erkennen des Unerreichbaren im Licht des Ideals (und dem Erfülltsein von diesem unerreichbaren Ideal).

Was sind Ideale, welche gibt es und woher kommen sie? Diese Fragen beschäftigten die Menschheit von früh an, seit die Antworten der Religionen überdacht und deren Auswirkungen auf die Realität überlegt wurden.

Sind die Ideale Zweige der Religion, haben sie die Religion ergänzt oder gar abgelöst? Ist Idealismus der Ausdruck einer oft unbewußten religiösen Haltung? Ist er ihr weitgehend säkularisierter Ausläufer oder ersetzt er sie? Das sind Fragen, aus denen sich neue Fragen ergeben, die eine Fährte erkennen lassen und damit zugleich die früheren Fragen wenigstens teilweise beantworten.

Am Beginn soll hier der Idealismus als persönliche Haltung stehen, der mit der philosophischen Strömung des »Deutschen Idealismus« wenig zu tun hat. Es ist üblich geworden, den Begriff Idealismus vor allem als Gegensatz zum Materialismus aufzufassen. Über Idealismus als eine von Ideen – welchen Ideen immer – bestimmte akademische Anschauung zu sprechen, ist nicht meine Absicht: es kommt mir auf persönliche oder gesellschaftliche Orientierung nach Idealen an.

Der Idealismus als persönliche Haltung hat mehrere Aspekte.

Am Anfang stellt sich die Frage: gibt es dem Menschen eingeborene, ihn überall und zu jeder Zeit bestimmende Ideale?

Das *Ideal des persönlichen Glücks* und das *Ideal der Liebe* sind Wunschvorstellungen jedes Menschen.

Der Inhalt dieser Ideale erfährt verschiedene Variationen, aber die Grundlinie bleibt die gleiche: im Glücksverlangen soll das Leben im Sinn einer Übereinstimmung von persönlicher und allgemeiner Entwicklung der Vollkommenheit näherkommen.

Die Liebe ist mit diesem Ideal des persönlichen Glücks mehrfach verbunden: als intensiv erlebtes Ereignis zwischen zwei Menschen und in weiterer Öffnung als Beziehung zu Familie, Freunden, Menschen überhaupt, zu Tieren, zur Natur, zu allem, was ist.

Man braucht nur Kinder zu beobachten und wird feststellen, daß in der Zuwendung und Liebe zu den Eltern, den Geschwistern, zur nahen Umgebung der Keim zu Idealen enthalten ist, die später verschiedene Ausprägungen erfahren. Mit jedem Menschen werden die Ideale des Glücks und der Liebe neu geboren.

Sie bestimmen die Kindheit und das Heranwachsen, wobei erst Enttäuschungen, die Lieblosigkeit anderer, die eigenen und fremden Aggressionen, der Zusammenstoß mit der immer deutlicher werdenden Realität diese Ideale im Lauf der Zeit schädigen, deformieren, möglicherweise auch zerstören können.

Meist sind Ideale in der Jugend am stärksten wirksam. Sie geben dem schon weitgehend bewußten Aufbruch des jungen Menschen den Schwung des Vertrauens, daß seine eigene Kraft, seine Offenheit, sein Streben und seine Liebesbereitschaft die Menschen seiner Umgebung, deren Streben, deren Entwicklung, deren Liebe wachzurufen und zu stärken vermögen. Mit jedem Kind wächst ein neuer Impuls heran, die Welt um einen, und sei es auch noch so winzigen Schritt der Vollkommenheit näher zu bringen.

Der Kreis, den das Ich dabei um sich selbst zieht, ist von unterschiedlichem Radius, und hier wirkt sich die Verschiedenheit der Charaktere aus: der eine entwirft einen weiten Kreis mit verschwimmender Grenze und will so viel wie möglich, sogar die ganze Menschheit einbeziehen. Andere begnügen sich mit einem engeren Kreis, der zwei Menschen, vielleicht die Familie, die Freunde, einschließt.

Niemand wächst allein auf, also wirken immer auch das Handeln und Denken anderer Menschen und die umgebende Kultur auf die Ausformung der beiden Grundideale und die Ausbildung weiterer Ideale mit ein.

Die Religion bewirkt den ersten und tiefsten Einfluß, soweit sie in der Umgebung eines Kindes lebendig ist. Das Christentum mit dem Gebot der Nächstenliebe, den drei christlichen Haupttugenden Glaube, Hoffnung und Liebe, mit seiner Überzeugung, daß die von Gott geschaffene Welt gut sei und daß die Freuden ebenso wie die Schrecken einen, wenn auch für uns unverständlichen Sinn höherer Ordnung haben, bewegt zu Wunschentwürfen innerhalb dieser christlichen Vorstellungswelt.

Die Ideale sind im christlichen Weltbild so realitätsbezogen wie in keiner anderen Religion: nirgendwo sonst sind Erde und Menschheit so tief in einen Erlösungsvorgang aufgenommen. Aus christlicher Sicht bewegt sich die Welt – wenn auch stets gefährdet – auf eine Vollendung hin, die zwar nur durch göttliche Gnade erlangt werden kann, aber doch wesentlich von den guten Werken, vom Glauben, vom persönlichen Streben der Menschen abhängt.

Die große Pilgerschaft nach dem Staat Gottes setzte hier früh ein. Neben dem Ideal der Nächstenliebe, des Glaubens und der Hoffnung wurden Ideale der Gleichheit vor Gott, der Demut, des Dienens, des reinen Gewissens, der Errichtung einer menschlichen Ordnung, die dem Aufbau der Natur und einer höheren Ordnung entsprechen soll, in immer neuen Formulierungen, Vorstellungen und Kombinationen schöpferisch wirksam. Das Ideal der Beziehung des Einzelnen zu Gott verbindet sich hier mit dem Ideal der Hilfe für die Armen, die Kranken, die Leidenden.

Die Vorstellung, daß die Mitgestaltung des Menschen im Plan der Schöpfung vorgesehen und zu ihrer Erlösung notwendig sei, motiviert die Menschen zu aktivem Handeln und zur Ausbildung neuer Ideale, wie sie in keiner anderen Religion und keiner von ihr ausgehenden Kultur bisher zu beobachten waren.

Gleichzeitg sollte die Vorstellung von der Erbsünde die Grenze des im Leben und auf Erden Erreichbaren klarmachen. Freilich ist festzustellen, daß gerade das Bewußtsein der Erbsünde und damit der unüberwindbaren Unvollkommenheit der Realität oft, und gerade in unserer Epoche, von vielen total vergessen wurde.

Andere Religionen brachten andere Ideale hervor, der Buddhismus das Ideal der Auflösung des Ichs, die Überwindung aller Wünsche und damit das Eingehen ins Nirwana. Im Islam entwickelte sich das militante Streben, nach dem Willen Allahs den Koran auf der ganzen Welt zu verbreiten. Aus anderen Religionen entstanden andere Kulturen, andere Ideale, andere Lebensformen.

Doch gibt es zwischen Christentum und Idealen eine besondere Beziehung. Der Begriff Ideal ist aus dem Bereich dieser Kultur hervorgegangen, die das Erbe der jüdischen Religion und der griechisch-römischen Antike in sich aufgenommen hat. Die griechische Philosophie und vor allem Platon haben die Begriffe Idee und Ideal erfunden und ausgestaltet, Plotin und Origenes dieses Denkmodell aufgegriffen und in das christliche Leben einbezogen. Ideen und Ideale sind tragende Strukturen der christlichen Religion und ihrer Kultur.

Wir können dieses Denkmodell auf andere Religionen und ihre Lebensformen, ihre Kulturen anwenden, werden damit aber nur von außen an sie herankommen. Das Erleben von Menschen anderer Kulturen ist von anderen Voraussetzungen geprägt, sie finden eine andere Denksprache, einen anderen emotionalen Ausdruck. Der menschliche Ursprung ist der gleiche, doch in der Realität setzt die Verschiedenheit ein. Ideen und Ideale gehören in die kulturelle Landschaft, in das Klima der christlichen Kultur, auch dort, wo sie sich gegen das Christentum wenden.

Das kulturelle Milieu Europas und der von europäischer Tradition geprägten Weltteile gibt den dort aufwachsenden Menschen eine Struktur des Erlebens und Denkens, die Ideen und Ideale als Grundelemente einschließt. Diese bilden das Knochengerüst des psychologischen Körpers der europäischen Menschen und jener, die diese Kultur angenommen haben.

Ob im religiösen oder im profanen Bereich: die Ideen und Ideale durchziehen und verbinden beide Bereiche auch dort, wo profane Ideologien mit rabiater Energie diese Verwandtschaft abstreiten.

Gewiß haben Ideen und Ideale im Lauf der europäischen Geschichte verschiedene Inhalte und verschiedene Gestalt gezeigt. Ihre Gruppierung und ihre Hierarchie verändern sich. Die Struktur von Erleben, Denken und Ausdruck entwickelte sich aber trotz oft stürmischen Neuerungen mit einer Kontinuität, die uns die Vorsokratiker, Platon, Aristoteles, Plotin, Origenes und andere, die bis zu zweieinhalbtausend Jahre vor uns lebten, vertraut erscheinen lassen. Ähnliches gilt für die einzelnen Völker Europas: die Sprache hinter ihren verschiedenen Sprachen ist die gleiche.

Niemand kann übersehen, daß auch beim Einzelnen die Anziehungskraft verschiedener Ideale je nach Lebensalter verschieden ist. Die Jugend folgt Idealen, die in einer späteren Phase in den Hintergrund geraten, im Alter treten andere Ideale hervor.

Wer mit achtzehn die Welt noch in einen Zustand dauernden Glücks versetzen will, wird mit achtzig wahrscheinlich die Ideale der Erkenntnis und der richtigen Beurteilung des Möglichen, vielleicht das Ideal der persönlichen Harmonie mit dem Verwirklichbaren anstreben. Gleichgeblieben ist die grundsätzliche Orientierung nach Idealen, die dem Denken faßbar sind – auch wenn viele versäumten, sich diese Ideale bewußt zu machen.

Andere Kulturen haben andere Ideale, gewiß. Dabei stellt sich allerdings die Frage: kann man einige von ihnen überhaupt mit unserem Begriff Ideal bezeichnen? Widersprechen etwa das buddhistische Heilsziel der Auslöschung des Ichs, die Aufhebung des Lebenswillens, das Nirwana nicht dem möglichen Inhalt des Begriffs Ideal? Auch Khomeinis fanatisch angestrebte Ideen wird man nicht als Ideale bezeichnen.

Oder will man »negative Ideale«, »Anti-Ideale«, »schwarze Ideale« annehmen? Sind angestrebte Ziele nur so lange Ideale, als sie dem Leben und seiner Entwicklung zugewandt erscheinen, und stellen sie sich als etwas anderes heraus, sobald dies nicht mehr gesagt werden kann? Die Ordnung der Sprache hält uns davon ab, mit einem Wort auch dessen Gegenteil auszudrücken. Wie oft aber sind die Inhalte nicht klar zu erkennen, wie oft gibt es Fehleinschätzungen, die Schicksale vernichten, Staaten zerstören.

Die europäische Kultur, die mit einem Teil ihrer Schöpfungen, nämlich der technischen Zivilisation, weite Gebiete der Welt durchdringt und sich zunehmend ausdehnt, folgt zukunftserhellenden Idealen, auch wenn gleichzeitig das Bewußtsein drohender Gefahren immer stärker wird.

Nicht bloß die ursprüngliche Intention von Technik und Naturwissenschaften, auch die geistig-ethischen Inhalte dieser Kultur versichern uns die Annäherung an einen Zustand friedlicher Kommunikation, allgemeinen Wohlstands, individuellen Glücks und sozialer Gerechtigkeit. Die Menschenrechte sind ebenso wie die Naturwissenschaft, die Technik, die Zivilisation Werke dieser Kultur.

Das Ideal des allgemeinen Wohlstands ist ohne das Ideal der

Menschenrechte nicht denkbar, obwohl oft genug versucht wird, das eine ohne das andere zu verwirklichen.

Die Frage nach den Werten hat große Bedeutung, denn ohne Werte gibt es keine Ideale. Zieht ein Ideal das andere nach sich? Gibt es Ideale in unbegrenzter Anzahl? Wie passen sie zueinander, und welche Konstellationen von Idealen sind möglich? Auf diese und manche andere Fragen versuche ich, in den folgenden Kapiteln Antwort zu geben.

Religion, Philosophie und Psychologie sind in solche Überlegungen unvermeidbar einbezogen, wobei sich in jüngster Zeit herausstellte, wie stark die Bereiche einander überschneiden, wie problematisch die Versuche waren, genaue wissenschaftliche Grenzen zu ziehen.

Erst wenn wir die Ideale verstehen, denen wir bewußt oder unbewußt folgen, oder erkennen, daß es möglicherweise gar keine Ideale sind, obwohl wir uns dies einzureden versuchten, gewinnen wir Einblick in uns selbst und unser Leben. Dann erst wird klar, was wir – oft ohne es zu wissen – anstreben, und wie weitgehend wir unser Schicksal selbst bestimmen.

Brauchen wir Ideale?
Fragen an die Psychologie

Wer Idealen nachfolgt, hat auf die Frage nach dem Sinn seines Tuns und Daseins eine Antwort. Allerdings kommt es darauf an, welche Ideale angestrebt werden.

Befindet sich jemand in einem Zustand inneren Gleichgewichts, so führt ihn ein Ideal auf das nächste zu. Wer sich dann zuerst etwa für das Ideal der persönlichen Freiheit entscheidet, erfährt durch die Kraft, die dieses Ideal wachruft, auch die erforderliche Selbstbeschränkung: er nimmt die notwendige Freiheit des anderen wahr und findet die Grenze des eigenen Wollens.

Das gewählte Ideal kann umgekehrt ein nicht vorhandenes oder verlorenes inneres Gleichgewicht herstellen, wenn Willen und Intelligenz zur ständigen Selbstkorrektur bereit sind. Die Entschlossenheit, einem Ideal zu folgen, bringt in Fahrt, gibt dem Handeln und Entscheiden eine Orientierung, gibt dem Leben Form. Durch die Fahrt gewinnt das Schiff auf stürmischer See Gleichgewicht.

Die Begründer der modernen Psychologie haben die Bedeutung des Ideals immer wieder dargestellt, wobei *Sigmund Freud* aus dem besonderen Aspekt seiner Zeit zu einer sehr kritischen Einstellung neigte. Für Freud waren die Ideale der Bereich des »Über-Ichs«. Das »Über-Ich«, das er auch »Ich-Ideal« nennt, hat bei Freud mit den Eltern, vor allem mit dem Vater zu tun. Durch die Balance von »Über-Ich« und »Es« soll der Mensch zu seinem »Ich« finden. Sowohl ein allzu starkes »Über-Ich« (Ich-Ideal) als auch ein allzu starkes »Es« (Unbewußtes) können die Entwicklung dieses »Ichs« hemmen oder verhindern. Freud leitete das »Über-Ich« nicht nur vom Vater, von den Eltern, sondern überhaupt von der Tradition ab. Sein hartnäckiger Kampf gegen dieses »Über-Ich« schien ihm notwendig in einer Zeit, in der eben diese Tradition auf bedrückende, einengende, oft verlogene Weise überstark gegenwärtig war. Sigmund Freud mobilisierte das »Unbewußte«, das damals nicht zur Kenntnis genommen, nämlich »verdrängt« wurde, gegen dieses übermächtige »Über-Ich«, um in der Balance dazu das »Ich« zu konstituieren.

Schaut man heute auf diesen Vorgang zurück, so lesen sich viele Stellen bei Freud anders, da die Lage sich gründlich geändert hat. Die Tradition ist beinahe nicht mehr vorhanden und wird kaum noch erkannt. Die Rolle der Eltern und der Väter ist heute in den Hintergrund gerückt. Das »Über-Ich«, das durch sie vertreten wird, ist an Auszehrung fast gestorben. Freud stünde heute in der genau umgekehrten Situation: das »Es«, der Bereich des »Unbewußten« und der »Triebe«, die er einst aus den Konventionen, aus der Verdrängung befreite, haben überhand genommen. Das »Ich« ist nicht mehr vom »Über-Ich«, vom drückenden »Ich-Ideal« bedroht, sondern vom entfesselten, alles überwuchernden »Es«, der Triebanarchie, dem maßlos emporgekommenen »Unbewußten«.

Schon die irrationalen Aggressionen des Ersten Weltkriegs, die vorher niemand für möglich gehalten hatte, verfehlten ihre Wirkung auf Freud nicht. Nach 1918 sind bei ihm Erkenntnisse zu lesen, die – im Gegensatz zu früher – den Akzent auf das »Über-Ich« legen und nun das »Es« stärker unter Kontrolle bringen wollen. Im Jahr 1927 heißt es in der Schrift »Die Zukunft einer Illusion« sehr überraschend: »Diese Erstarkung des Über-Ichs ist ein höchst wertvoller psychologischer Kulturbesitz. Die Personen, bei denen sie sich vollzogen hat, werden aus Kulturgegnern zu Kulturträgern.« Etwas weiter: »Das Maß der Verinnerlichung der Kulturvorschriften – populär und unpsychologisch ausgedrückt: das moralische Niveau der Teilnehmer – ist nicht das einzige seelische Gut, das für die Würdigung einer Kultur in Betracht kommt. Daneben steht ihr Besitz an Idealen ...«

Aufschlußreich ist die Tatsache, daß Freud auf ein Ideal mit besonderer Betonung zu sprechen kommt: »Und wie beim Einzelnen, so hat auch in der Entwicklung der ganzen Menschheit nur die Liebe als Kulturfaktor im Sinne einer Wendung vom Egoismus zum Altruismus gewirkt.« Freud läßt in seinem Werk »Massenpsychologie und Ich-Analyse«, 1921 (aus dem das vorhergehende Zitat stammt), deutlich erkennen, daß er durch die Beobachtung der Massen zu einer Neubewertung des Über-Ichs veranlaßt wurde.

Aus den katastrophalen Ereignissen der ersten Jahrzehnte des zwanzigsten Jahrhunderts mußte Freud erkennen, daß nun die Überschwemmung des »Über-Ichs« durch das Unbewußte, durch Triebanarchie und Aggression, also die Auflösung des Bereichs der

Ideale und der Tradition, die *neue* aktuelle Bedrohung für die Kultur geworden waren. Diese aber löste – mehr noch als die einstige Überpräsenz kultureller Formen – eine ungeheure Gefährdung und Neurotisierung des Einzelnen aus, und zwar diesmal durch eine Kraft von entgegengesetzter Richtung.

In Freuds Schriften der Spätphase sind unübersehbare Ansätze zu einer Schwerpunktverschiebung innerhalb seines psychoanalytischen Systems zu finden: *die größte Gefahr sah Freud nun nicht mehr im Über-Ich, zu dessen Einschränkung er selbst entscheidend beigetragen hatte, sondern im Kippvorgang auf die andere Seite: im entfesselten, anarchisch wuchernden »Es«*. Im kulturellen Bereich äußerte sich Freud dabei deutlich, in der Ich-Analyse blieb er zurückhaltend – während sein Schüler und später leidenschaftlicher Gegner Alfred Adler eben dort ansetzte.

Für *Alfred Adler* steht fest, daß jeder Mensch, ob er sich dessen bewußt ist oder nicht, einer »idealen Leitlinie« (»Menschenkenntnis«) folgt. Er gehe auf ein Endziel zu, das er fiktiv annehme, aber meist keineswegs genau kenne. In »Heilen und Bilden« steht: »Wir sind nicht imstande, auch nur die geringfügigste körperliche oder geistige Bewegung zu vollführen, ohne daß uns in der Idee ein Bild des Zieles vorschwebte«. Alle Bewegungen und Entscheidungen werden davon bestimmt. Je weniger man von diesem Vorgang wisse, um so weniger sinnvoll könne dieses Ziel, um so weniger befriedigend dieser Weg sein. Bloße Emotionalität führe leicht zu einem häufigen Wechsel des Endziels, wodurch der gesamte Lebensaufbau, der »Lebensplan« keine Einheitlichkeit und keine Form finde.

Daher komme es darauf an, so erklärt Adler in der von ihm geschaffenen Individualpsychologie, dieses im Wesen des Menschen angelegte Verlangen zu erkennen und ein Endziel zu wählen, das dem Leben Sinn gebe. Adler ist von der Evolution überzeugt und sieht alles menschliche Streben als ein »Streben nach Vollkommenheit«, wie er in seinem Werk »Der Sinn des Lebens« schreibt: »Körperlich und seelisch«, so heißt es dort, »ist der Lebensdrang unverrückbar an dieses Streben geknüpft.« Natürlich könne das Ziel der Vollkommenheit nie erreicht werden. Es ist ein Ideal.

Alfred Adler geht über Sigmund Freud hinaus, indem er nicht nur das »Gemeinschaftsgefühl« als Maßstab für die Sinnhaftigkeit dieses Ziels bezeichnet, es also nach dessen Bedeutung für das Aufwärtsstreben möglichst vieler Menschen bewertet, sondern indem er sich mit der Religion auf eine sehr fruchtbare Weise auseinandersetzt: »Die beste Vorstellung, die man bisher von dieser idealen Erhebung der Menschheit gewonnen hat, ist der Gottesbegriff«, heißt es in »Der Sinn des Lebens«. Und: »Es ist gar keine Frage, daß der Gottesbegriff eigentlich jene Bewegung nach Vollkommenheit in sich schließt als ein Ziel, und daß er dem dunklen Sehnen des Menschen, Vollkommenheit zu erreichen, als konkretes Ziel der Vollkommenheit am besten entspricht.«

Dem »Suchen nach oben« stehe allerdings, so beobachtet Adler, oft eine »Suche nach unten« gegenüber, die für den Neurotiker typisch sei und eine Pervertierung des natürlichen Strebens bedeute. Der Neurotiker »laufe oft seinen Ohrfeigen nach«, er sei dann mit größter Intensität darauf aus, Gründe für seine Negation zu finden. Damit baue er ein »Arrangement von Depressionen« und Angst auf, das immer weiter »nach unten« führe.

Alfred Adler war, wie Sigmund Freud, Arzt und suchte nach der Möglichkeit, die neurotische Verneinung aufzuheben und die Lebenskraft wieder auf die naturgemäße »Suche nach oben« hinzulenken. Der Grundgedanke seiner Methode zeigt sich in dem Satz: »Womit wir den Einzelnen vergleichen, ist das Idealbild eines Gemeinschaftsmenschen, eines Menschen, der die vor ihm liegenden Aufgaben in einer allgemeingültigen Art bewältigt, eines Menschen, der das *Gemeinschaftsgefühl* so weit in sich entwikkelt hat, daß er... ›die Spielregeln der menschlichen Gesellschaft‹ befolgt.« (»Menschenkenntnis«). Adler fordert auf, »das Kind so früh als möglich zum Mitarbeiter, zum Mitmenschen zu machen, der gerne hilft und sich gerne, soweit seine Kräfte nicht ausreichen, helfen läßt« (»Der Sinn des Lebens«).

Am Schluß des letztgenannten Buches faßt Adler zusammen: »Alle Probleme des menschlichen Lebens verlangen... Fähigkeit und Vorbereitung zur Mitarbeit, des sichtbaren Zeichens des Gemeinschaftsgefühls. In dieser Stimmungslage ist Mut und Glück miteingeschlossen, die sonst nicht zu finden sind.« Immer wieder also Gemeinschaftsgefühl und Offenheit gegenüber Religiosität, dort sind die Ideale zu suchen, anderswo können sie nicht gedeihen.

Ein anderer Schüler Sidmund Freuds, der sich ebenfalls später von Freud lossagte, *Otto Rank*, ging einen von Adler nicht weit entfernten Weg, konzentrierte sich aber vor allem auf die subjektive Kreativität, die in jedem Einzelnen vorhanden sei und nur geweckt zu werden brauche. Diese Hervorhebung der jedem innewohnenden schöpferischen Kräfte, die sich auf sehr verschiedenen, auch ungewöhnlichen Gebieten und auf verschiedenste Weise äußern können, hatte vor allem in den USA starke Auswirkung, wurde allerdings unter dem Schlagwort »Selbstverwirklichung« oft banalisiert und mißverstanden.

Otto Rank war unter den Psychoanalytikern aus Wien der künstlerische Vitalist. Für ihn galt nicht nur die Kunst als eine Äußerung der Kreativität, vielmehr könne alles, was der Mensch tue, zu künstlerischem Ausdruck werden: das tägliche Leben, die praktische Arbeit, woraus immer sie bestehe. Auf das »Wie« komme es an und auf die Tatsache, daß etwas auf schöpferische Art getan werde. Kreativität im täglichen Handeln ist für Rank die beste Möglichkeit, im Leben Freude, Befriedigung und Sinn zu finden: die wichtigste Aufgabe der Psychologie sei es, diese Kreativität zu wecken.

Die »kreative Therapie« könne zwar ein Psychologe, so meint Rank, beginnen, doch müsse sie jeder schließlich selbst an sich vollziehen, denn sie bestehe in »künstlerischen Akten«. Nur die »eigene schöpferische Leistung, die Tat« sei imstande, das Leben einer Erfüllung näher zu bringen und gegebenenfalls einen Kranken von einer Neurose zu befreien (»Wahrheit und Wirklichkeit«).

»Warum bleiben nun aber anscheinend so viele Menschen in diesem Umbildungsprozeß des gegebenen Selbst zu einem gewollten Ich hoffnungslos stecken?« fragt Rank (»Technik der Psychoanalyse«). Sie versäumen, das zu tun, was Rank für die richtige Lebensmöglichkeit hält: »... sich selbst als Schicksal und schicksalschaffende Macht zu akzeptieren und bejahen... Alles hängt eben davon ab, wie dieses unvermeidliche Selbstschaffen unseres Schicksals von unserem Gefühl empfunden und von unserem Bewußtsein interpretiert wird; und dies wird wieder davon bestimmt, ob wir ein wesentlich äußeres oder inneres Ideal haben, in dessen Sinn wir uns selbst und unser Schicksal schaffen wollen.«

Dieses Akzeptieren des eigenen Selbst ist, so erklärt Rank, nur die Voraussetzung, die Grundlage, von der aus das Leben gestaltet werden soll. Rank findet »das für die Entwicklung des eigentlich Menschlichen bedeutsame *geistige Prinzip*« im Künstler (»Wahrheit und Wirklichkeit«). Das Wesentliche dieses »schöpferischen Typus... ist, daß er... sein *Ich-Ideal aus sich selbst entwickelt,* das heißt nicht bloß aufgrund gegebener, sondern auch *selbstgewählter* Faktoren, und daß er ihm bewußt nachstrebt«.

Wichtig ist dabei das Ausmaß der in jedem Ich vorhandenen Urkraft: »Die Stärke dieser im Individuum repräsentierten Urkraft nennen wir Wille.« Otto Rank geht es um das »Ich nicht nur als Tummelplatz der (Es-)Triebe und der (Über-Ich-)Hemmungen, sondern auch als bewußten Träger eines *Auftriebes*«. Ranks Streben ist darauf gerichtet, durch das Erwecken der kreativen Möglichkeiten des Einzelnen »aus einem negativen Leid- und Schuldmenschen ... einen positiven Willens- und Tatmenschen« zu machen.

Bei dieser Verallgemeinerung der schöpferischen Möglichkeit erkennt Otto Rank – noch deutlicher als Alfred Adler – dem Christentum eine wichtige Rolle zu. In »Wahrheit und Wirklichkeit« heißt es: »Mit der allgemeinen Vermenschlichung des Gottes, wie sie das Christentum anbahnte, wird der Heros, der schöpferische Mensch, sozusagen ein universaler Typus, dessen Entwicklung in den modernen Individualitäten kulminiert«.

Wie sehr die Orientierung auf Ideale mit der inneren Konstitution des Menschen verbunden ist, stellte der von Otto Rank und Alfred Adler beeinflußte amerikanische Psychologe *Abraham Maslow* fest: »Von Freud haben wir gelernt, daß das Vergangene *jetzt* im Menschen existiert. Nun müssen wir aus der Theorie des Wachsens und der Selbstverwirklichung lernen, daß auch die Zukunft *jetzt* im Menschen existiert, in der Form von Idealen, Hoffnungen, Pflichten, Aufgaben, Plänen, Zielen, unrealisierten Möglichkeiten, Missionen, Schicksalen etc. Jemand, für den es keine Zukunft gibt, wird auf das Konkrete, auf Hoffnungslosigkeit und Leere reduziert. Zeit muß für ihn endlos ›ausgefüllt‹ werden.« (Dies und alle Zitate aus »Psychologie des Seins«).

Wir hätten, meint Maslow, ein geistiges Organ, das ebenso nach befriedigender Betätigung verlange wie die Muskeln, die man ja auch gebrauchen müsse, »um sich ›wohl zu fühlen‹ und jenes subjektive Gefühl des harmonischen, erfolgreichen, ungehemmten Funktionierens (der Spontaneität) zu gewinnen, das ein so wichtiger Aspekt des guten Wachsens und der psychologischen Gesundheit ist. Das gilt auch für die Intelligenz, für den Uterus, für die Augen, für die Liebesfähigkeit. Kapazitäten schreien geradezu danach, gebraucht zu werden, und hören erst zu schreien auf, wenn sie *gut* gebraucht worden sind. Das heißt, auch Kapazitäten sind Bedürfnisse.«

Die Kapazität des Menschen, nach Werten und Idealen zu streben, sich ihnen so weit wie möglich anzunähern, steht für Maslow außer Zweifel: »Kreativität, Spontaneität, Authentizität, Hilfsbereitschaft, Liebesfähigkeit und Wahrheitsdrang sind embryonale Möglichkeiten, die zum Menschen als dem Mitglied einer Spezies ebenso gehören wie seine Hände und Füße, wie sein Gehirn und seine Augen.« Das Besondere am Menschen sei gerade, daß er sein eigenes Wachsen beeinflussen könne: »Der Mensch, sofern er ein wirklicher Mensch *ist*, ist seine eigene Hauptdeterminante. Jedermann ist zum Teil ›sein eigenes Projekt‹ und macht sich selbst.« Das bedeutet: »Das menschliche Wesen ist gleichzeitig das, was es ist, und das, was es gern sein möchte.«

Maslow ist sich klar darüber, daß der »Prozeß des gesunden Wachstums als eine nie endende Serie von Situationen der freien Wahl« zu betrachten ist, »mit denen jedes Individuum an jedem Punkt seines Lebens konfrontiert wird.« Dabei gebe es »gute und schlechte Wähler«. Die »guten Wähler« seien die gesunden Wähler, in denen auch die »höhere Natur« ebenso »instinktoid« wie ihre »niedere« sei. Diesen Instinkt zu verfeinern gelinge am besten, wenn man sich die Beispiele der »guten Wähler« – und wohl auch die eigenen bisherigen guten Entscheidungen – vor Augen halte. Nur dort, niemals bei den Entscheidungen der Neurotiker, könne gelernt werden. Der Lernprozeß sei freilich nicht lediglich ein Sammeln von Informationen, sondern die Entwicklung der eigenen Fähigkeit, die »gute Wahl« zu treffen.

Viktor Frankl, der seine »Logotherapie« die »Dritte Wiener Schule der Psychotherapie« nennt (nach Freuds »Pyschoanalyse« und Adlers »Individualpsychologie«) baut auf den bisherigen Erkenntnissen auf. Die Bezeichnung Logotherapie ist mit dem »Logos« verbunden, der hier als »Sinn« übersetzt wird. »Der Wille zum Sinn« und »Der Mensch vor der Frage nach dem Sinn« heißen zwei von Frankls vielen Publikationen, und tatsächlich ist der Einfluß Alfred Adlers (»Der Sinn des Lebens«) in zweifacher Hinsicht stark: es wird die Notwendigkeit für jeden Einzelnen deutlich gemacht, seinem Leben Sinn zu geben, gleichzeitig wird klargestellt, daß dieser Sinn nur in der Überwindung des eigenen Egoismus, in der Leistung, der Hilfe für den oder die anderen bestehen könne.

Auffallend ist, daß Frankl die Sinnfrage nicht mit prinzipiellen Lösungen beantwortet, sondern Arzt bleibt: er erklärt, daß innerhalb der grundsätzlichen Notwendigkeit, die unmittelbaren Interessen des eigenen Ichs zu überschreiten, für jeden Einzelnen eine besondere Sinnmöglichkeit bestehe. Die biographisch angelegte, auf die jeweilige Situation eingehende »Existenzanalyse« lasse den Einzelnen den ihm gemäßen Sinn erkennen und verwirklichen. Ein großer Spielraum für Sinnantworten bleibt also offen.

Das Erfüllen individuell ganz verschiedener Aufgaben, je nachdem wohin der eine und andere im Leben hingestellt wurde, könne zum Sinninhalt werden. Wenn unvermeidbares Leid bewußt ertragen werde, habe auch dieses Leiden einen sehr fruchtbaren Sinn. Sobald der Sinninhalt gefunden ist, verschwinden das »existentielle Vakuum«, Langeweile, Ängste, sehr oft Aggressionen, Neurosen, Depressionen.

Mit dem Begriff Logos, der im Lauf seiner Geschichte manche Erweiterung und Veränderung erfahren hat, ist die Nähe zu Idee und Ideal offenkundig: Heraklit bezeichnete als Logos die Idee der dem Kosmos innewohnenden Vernunft, in der alle Gegensätze zur Harmonie finden. Mit dieser Vernunft übereinzustimmen ist das Streben des Denkenden, der dadurch in sich selbst und seinem Leben dieser Harmonie näherkommt.

Frankls Einfall, den Logos in die Psychologie einzubeziehen, war ein aufschlußreicher Schritt: er signalisierte, daß die Psychologie, trotz aller gerade von Frankl geübten Selbstbeschränkung auf den ärztlichen Aspekt, vor ursprünglichen Aufgaben der Philosophie steht. Gerade an der täglichen Front der Psychologie und Psychiatrie geht es um Fragen von Sinn, Werten, Idealen, mit denen sich von frühester Zeit an – einst mehr als heute – die Philosophie beschäftigte.

Die Psychologie nähert sich diesen Fragen allerdings mit der Erfahrung und dem Wissen der Medizin und der Naturwissenschaften. Die schon im Einzeller wirkende Kraft zum Leben, zur Durchsetzung und Vermehrung kennzeichnet alle Lebewesen. Die biologische Vitalität und der Lebenswille, die jedem Lebewesen innewohnen, die es wachsen und sich verteidigen lassen, die Entwicklungen, soziale Gruppierungen hervorbringen, erfüllen auch den Menschen, und da er als Mensch ein geistbegabtes Wesen ist, ist auch sein Geist auf Lebensbejahung, Entwicklung, Streben nach Vollkommenheit, nach Idealen, biologisch angelegt.

Trotz vieler dieser Tatsache widersprechenden historischen, sozialen und psychologischen Phänomene, trotz der gegenwärtig drohenden Selbstvernichtung der Menschheit, vertrauen die psychologischen Bemühungen auf die dem Menschen innewohnenden Kräfte der naturhaften biologischen Gesundheit. Die weiter zunehmende Vielfalt und Intensität dieser Bemühungen der Psychologie, die starke Resonanz, die sie finden, zeigen, daß eine berechtigte Hoffnung besteht, die von Negation und Nihilismus verschütteten Energien zu stärken oder wiederzuerwecken.

Keine Ideale zu haben führt auf die Dauer mit Sicherheit in die Negation. *Ideale zu haben* ist ein Versuch, der fehlschlagen kann, der aber gelingt, wenn sich Phantasie und Realitätsbewußtsein verbinden und in verantwortlichem Handeln ausdrücken.

Ideen, Werte und Sinn

Haben die Ideale mit den philosophischen Strömungen des »Idealismus« zu tun? Worin besteht der Unterschied zwischen Ideen und Idealen? Kann man auch ohne genaue Kenntnis der historischen Theorien Ideale wählen und ihnen folgen? Gibt es eine persönliche Haltung des Idealismus, die sich um die verschiedenen Schulen der »Idealismen« in der Geschichte der Philosophie nicht zu kümmern braucht?

Wie aus den psychologischen Darstellungen des vorhergehenden Kapitels deutlich wurde, gehören die Entwicklung von Idealen, das Verlangen und Streben nach ihnen zu der im Geistigen wirksamen biologischen Vitalität des Menschen.

Seine Ideale von persönlichem Glück und Liebe sind geistige Entsprechung zur Energie des pulsierenden Herzens. Sie verzweigen sich in andere Ideale, führen in die eine oder andere Richtung, geraten miteinander in Konflikt. Oft ändert sich dadurch ihre Erscheinungsform, und andere Wege werden gewählt, sie anzustreben.

Die verschiedenen philosophischen Schulen des Idealismus erreichten seit dem Mittelalter einen so hohen Grad der Abstraktion und Komplikation, daß sie sich von der Möglichkeit des Einwirkens auf den Einzelnen und der Beantwortung seiner Fragen nach praktischen Lebensidealen weit entfernten. Die scharfsinnigen Untersuchungen und Spekulationen des »Empirischen«, »Kritischen«, »Monistischen« oder des »Deutschen Idealismus« führen in ein für den Fachmann hochinteressantes Labyrinth, aus dem man schwer herausfindet – und dann meist, um sich nicht mehr hineinzubegeben.

Homer schuf aus den Lebensformen seiner Zeit Bilder von Idealen, denen die Vorsokratiker, vor allem Xenophanes und Heraklit, heftig widersprachen: für sie waren die frivolen, lügnerischen, grausamen Götter indiskutable Ideale. Sie setzten dem inhumanen Mythos Homers den Logos entgegen, jene humane Vernunft, die sich – nach Heraklit – mit der Vernunft des Kosmos in Übereinstimmung befindet. Heraklit erklärte, der Mensch bestimme weitgehend selbst sein Schicksal: vernünftige Einsicht, Weisheit, naturgemäßes Handeln seien anzustreben, wobei die Dialektik der Gegensätze die Erfahrung und die Bewegung nach vorn bewirkten. Xenophanes wollte die Verbundenheit mit dem »All-Einen« und sagte: »Die Götter haben den Sterblichen nicht von Anfang an alles geoffenbart, sondern erst nach und nach finden diese suchend das Bessere.« Das Bessere also liege vor ihnen, wenn sie nur suchen und streben.

Daß Platon im berühmten »Höhlengleichnis« seines Dialogs »Der Staat« die »Idee« als tragenden Gedanken seiner Philosophie darstellte, ist bekannt. Die »platonische Idee« als Urbild eines irdischen Abglanzes des Absoluten hat die spätere Philosophie und Theologie zur Errichtung unglaublich komplexer Gedankengebäude angeregt. Die Scholastik entwickelte spitzfindige Auslegungen, die heute kaum mehr erfaßbar sind. Wer sich einliest, wird bei Immanuel Kant, vor allem in der »Kritik der reinen Vernunft«, eine faszinierende Architektur von Erkenntnissen finden, wobei unter vielem anderen die Unterscheidung von »Idee« und »Ideal« fruchtbar ist: die menschliche Weisheit, so sagt Kant, sei eine »Idee«, der Weise aber ein »Ideal«. Er existiere bloß in Gedanken und »kongruiert völlig mit der Idee der Weisheit«. Das Ideal ist vollkommen, daher nie ganz erreichbar, doch als Wunschbild und Vorbild für unser Streben notwendig.

Wer anfängt, sich systematisch mit der Geschichte des Begriffes »Idee« und seiner Interpretationen, mit den philosophischen Idealismen zu befassen, wird bald den Wald vor Bäumen nicht mehr sehen. Er gerät in abstrakte Höhen, wo Antworten auf Sinnfragen nicht mehr zu finden sind.

Dem, der aus dem historischen Labyrinth herausgefunden hat oder vermeidet, sich überhaupt dorthin zu begeben, bleibt allerdings nicht erspart, sich über den praktischen Umgang mit Idealen Klarheit zu verschaffen. So gibt es einen wichtigen Unterschied zwischen Idee und Ideal: Ideen sind Urbilder, reine Gedanken. Ideale können unter diesen Urbildern und reinen Gedanken jedoch nur jene sein, die auf eine allgemeine Entwicklung zum Guten ausgerichtet sind.

Ideen sind oft negativ, wie die des Bösen, der Hölle, der Zerstörung, der Verneinung, der Wertvernichtung, des Nihilismus, der Tyrannis, des Genozids, der Rassenherrschaft, des Polizeistaats, des Herrscherkults oder der Vergöttlichung des Staatslenkers. Alle diese Ideen kann man nicht als Ideale bezeichnen. In anderen Fällen wird man heute zögern, Ideen als Ideale aufzufassen: etwa den Nationalstaat, den Materialismus, den Wunschtraum von einem arbeitsfreien Leben, von immerwährendem Vergnügen und der Erfüllung aller Wünsche.

Manche Ideen werden als Ideale strittig sein, und dort erweisen sich Diskussionen als fruchtbar, etwa wenn die Frage aufgeworfen wird, ob der übernationale Staat bloß als Idee oder als Ideal gelten könne. Und wie steht es mit der Idee eines ewig dauernden irdischen Lebens? Sie ist kaum als Ideal tauglich.

Und wie verhält es sich mit der Idee des Paradieses auf Erden? Können wir sie als Ideal bezeichnen oder haben wir zu erkennen, daß ein solches Ideal vermessen ist?

Beim Ideal muß also das vernünftige Maß der möglichen menschlichen Annäherung gewährleistet sein, da sonst die Vernunft – der Logos als Übereinstimmung mit der kosmischen Vernunft – überschritten und religiöse Jenseitserwartungen mit der Realität durcheinandergebracht werden.

Das Ideal, dessen Zielvorstellung definitionsgemäß über die Wirklichkeit hinausführt, wird mißverstanden, wenn man glaubt, mehr als die Chance einer oft nur bescheidenen Annäherung zu haben. Wer immer dies vergißt, gerät in den Bereich des Größenwahns und der Vermessenheit, wo Ideale zum sicheren Verhängnis werden.

Vermessen, Vermessenheit: hier erklärt schon die Sprache, daß da falsch gemessen wird. Wer ein Engel auf Erden werden will, wird leicht zum Unmenschen, wer das Paradies zu verwirklichen versucht, erzeugt eher eine Hölle.

Die Fruchtbarkeit der Ideale, die ja konkret *nicht* erreichbar sind, denen man sich nur annähern kann, zeigt sich erstaunlicherweise auf Gebieten, die als besonders real und exakt gelten, nämlich in der Physik, der Mathematik und der Geometrie. Dort verwendet man bewußt Idealisierungen wie Punkt, Kreis, Gerade und »i« (die Wurzel aus minus 1), die »irreale« Abstraktionen sind. Auch das Gesetz des »freien Falls« in der Physik ist ein Gesetz, das sich in seiner reinen Form nicht beobachten läßt. Trotzdem hat man durch die Anwendung dieser Konzepte überwältigende Erfolge erzielt, wie unsere gesamte technische Umwelt bis zur Landung auf dem Mond beweist.

Niemals wird ein Mathematiker oder Physiker der Meinung sein, diese Begriffe oder Gesetze wären *exakt* zu verwirklichen. Es handelt sich um Ideen und Ideale.

Durchschaut man den Schlagwortkatalog der großen Bibliotheken, so zeigt sich, daß unter dem Stichwort »Ideal« eine viel größere Zahl von Buchtiteln im Bereich der Mathematik und Physik zu finden ist als in dem der Geisteswissenschaften. Schon Pythagoras – vor Platon und Aristoteles – kannte die Verwendung von Idealen in der Mathematik.

In seiner Untersuchung »Das menschliche Fundament der Mathematik« schreibt Paul Lorenzen: »Die Idee der Ebene ist eine der Ideen, die uns *exakte materiale* Wissenschaften wie unsere Physik überhaupt erst ermöglicht haben.« Und: »Alle Realisierungen sind ›Annäherungen‹ an die vollkommenen Ideen – d. h. wir können wirkliche Flächen und Linien niemals vollkommen machen, aber immer weniger unvollkommen.« Lorenzen meint: »Die Idee der Ideen könnten wir also kurz die *Idee des allgemeinen Besseren* nennen.« Ideen und mit ihnen die Ideale sind zu unserer Orientierung notwendig, und wenn sie auch in der Wirklichkeit nicht zu erreichen sind, machen sie doch unabsehbar wirksame Leistungen möglich.

Mehrfach wurde nun der Begriff »Wert« erwähnt. Erst der »Wert« – und zwar in der Bedeutung von »etwas allgemein Wünschenswertem« – läßt eine Idee zum Ideal werden. Was aber ist allgemein wünschenswert?

Gewiß sind dies nur jene Werte, die oberhalb eines bestimmten Niveaus liegen. Der Begriff Wert ist nämlich mit einem deutlichen Nachteil belastet: er hat einen goldenen Klumpfuß. Das Gold, der Diamant, die Währung, die Börsenpapiere sind etwas wert, erweisen sich als Ideale jedoch als wenig brauchbar.

Man kann allerdings sagen: die Werte bauen sich aus der existentiellen Situation (Hunger, Kälte, Not, Gefahr, Krankheit, Konfrontation mit dem Tod) von unten auf. Ideale hingegen ergeben sich aus der Vorstellung von Vollkommenheit. Sie kommen von oben. Diese Vorstellung von Vollkommenheit wird aber erst möglich, wenn man auf dem Fundament der Werte steht.

So komme ich nach mehreren Überlegungen zu jener Definition, die am Anfang dieses Buches steht: Ideale sind Wunschentwürfe, die über die Wirklichkeit hinausführen und allgemein Wünschenswertes einbeziehen.

Wie aber steht es nun mit dem Begriff Sinn, der schon mehrere Male verwendet wurde? Hängt er nicht mit dem an erster Stelle der Ideale genannten »Ideal des persönlichen Glücks« zusammen?

Glücklich ist auch, »wer vergißt, was doch nicht zu ändern ist«, glücklich ist, so heißt es oft, der Berauschte, der Genießer und Selbstzufriedene, der niemandem von seinem Glück abgibt, möglicherweise sogar das anderer zerstört, also glücklich auf Kosten anderer ist. Dies wird man nicht als »Ideal des persönlichen Glücks« auffassen können.

Sinn setzt ein bestimmtes Niveau des Glückserlebens voraus, er schließt eine Qualität des Glücks ein, das nicht egoistisch und hedonistisch aufgefaßt wird. In dem Kapitel »Das Ideal des persönlichen Glücks« gehe ich näher darauf ein. Jedenfalls ist dieses Ideal mit dem Begriff »Sinn« untrennbar verbunden.

Wertwandel, Werte und Ideale

Die radikalen Veränderungen unserer Lebensformen durch die technische Zivilisation ließen das Thema eines Wandels der Werte und Ideale immer wichtiger werden. Haben die schwindelerregenden Umstellungen unseres Lebensmilieus und seiner praktischen Verhältnisse, die alle Proportionen innerhalb der Zeit, der Geographie, der gesamten Kommunikation neu gestalteten, auch unsere Werte und Ideale verändert? Die Diskussion über Wertwandel und Veränderung der Ideale erreichte erhebliche Grade der Hysterie und suggerierte geradezu die permanente Revolution: das sich auch weiterhin rasant verändernde Milieu entwerte alle früheren Werte und Ideale, mache sie historisch und für Gegenwart und Zukunft inkompetent.

Eine psychologisch und gesellschaftspolitisch aktivierte Milieutheorie, die den Menschen vorwiegend als Produkt seiner Umwelt erklärt, richtet sich radikaler denn je gegen das Überleben kultureller Kontinuitäten. Durch diese Kulturrevolution als Folge der technischen, zivilisatorischen, gesellschaftlichen Revolution, in der wir zu leben hätten, seien, so heißt es dann, alle Traditionen und Stabilitäten aufgehoben worden.

Diese mit neuen psychologischen und politischen Aspekten erfolgte Wiedergeburt mehr oder weniger veränderter Gedanken von Michail Bakunin und Leo Trotzki schienen einen geistigen Kontinent für die politische, soziologische, psychologische, philosophische Forschung und Diskussion zu erschließen. Was aber erst durch diese Aktivitäten, ob sie nun in der Theorie oder politischen Praxis ihren Schwerpunkt hatten, tatsächlich geschah, war eben die Auslösung eines anarchischen Lebensgefühls. Jede Generation, jede Gruppe, jeder Einzelne sollten aus Kontinuitäten herausgehoben werden. Eine in allen Ländern westlicher Demokratien verstreute Armee ruheloser Intellektueller oder solcher, die es zu sein meinten, fühlte sich aufgerufen, frühere Traditionen, Werte und Ideale als gestrig und überholt hinzustellen und nach nie dagewesenen neuen Werten Ausschau zu halten.

Diese Phase der tiefen Unruhe, die durch junge Generationen, denen das angeblich Niedagewesene dieser Situation schmeichelte, frische Zufuhr an Kräften erfuhr – was noch längere Zeit andauern wird – kann sich letztlich als Anstoß zu einer neuen Klarheit erweisen. Der vielfache Ansturm auf die Kontinuitäten und die vielstimmige laute Verkündigung eines neuen Zeitalters – sie erinnern ebenso an Nietzsche wie an die von Oswald Spengler prophezeiten cäsarischen Faschismen oder die »zu erwartende« Epoche des Marxschen Kommunismus – könnten nach unseren immerhin schon reichlichen Erfahrungen zu einer umfassenden Besinnung führen.

Kaum jemand wird leugnen, daß mit den enormen technischen und zivilisatorischen Neuerungen eine gewaltige Veränderung der gesellschaftlichen Realitäten, etwa des Lebensstandards, des Erwartungshorizonts, der Ansprüche, Wunschvorstellungen, der sozialen Selbstverständlichkeiten stattgefunden hat. Die längere Lebensdauer des Menschen, der größere Wohlstand, die Erweiterung der persönlichen Freiheit, der sozialen Absicherung, die weitgehende Gleichstellung der Frau, die größere Selbständigkeit der Jugend, dies alles hatte tiefe Auswirkungen auf die Familie, die Ehe, das Leben der Jugendlichen, die Schule, den Beruf und vieles andere. Neue Möglichkeiten der Empfängnisverhütung haben manches am Zusammenleben der Menschen geändert. Allerdings dürfte nicht versäumt werden, zwischen Lebensformen, zwischen Konventionen einerseits und Werten sowie Idealen anderseits zu unterscheiden.

Untersucht man nämlich genauer, so findet man zu der Erkenntnis, daß durch diese enormen Veränderungen gerade die Werte und Ideale am wenigsten betroffen wurden. Die Werte, wie schon früher dargelegt wurde, sind in der existentiellen Situation des Menschen verankert: sie entstehen in der existentiellen Bedrohung von Hunger, Kälte, Not, Gefahr, Krankheit, Konfrontation mit dem Tod. Sie bauen sich von unten auf. Diese existentielle Situation wurde nun tatsächlich von der modernen Zivilisation so umsichtig wie möglich verschleiert, so daß die elementare Begründung der Werte leicht in Vergessenheit geraten kann.

Dennoch bleiben Werte wie Gesundheit, Nahrung, Frieden, Sicherheit, Wärme, Liebe, Freundschaft, Treue, die als *Grundwerte* bezeichnet werden können, bestehen. Bei aller Modifizierbarkeit sind *Werte der zweiten Stufe* unbestreitbar, wie Freiheit, Wahrhaftigkeit, Lebensvielfalt, Bildung, Kunst, Schönheit, Bequemlichkeit, Komfort, Lebensgenuß. Die *Sinnwerte*, die mehr noch als die Werte der zweiten Stufe mit den Idealen verschmelzen können, sind nach verschiedenen individuellen Bedingungen verschieden einzugrenzen, bleiben aber als Werte erhalten, etwa Hilfe für den nächsten Umkreis, Hilfe für eine große Gemeinschaft, Ästhetisierung des eigenen Lebens und der Umwelt, tätiges Wirken für den Aufbau der Zivilisation, Erkenntnis und Schau, religiöses Erleben, Gott.

Hier sind wir schon weit im Bereich der Ideale, wenn wir von der Auffassung ausgehen, die ich früher bereits dargelegt habe: *die Werte bauen sich aus der existentiellen Situation von unten auf, die Ideale ergeben sich aus der Vorstellung der Vollkommenheit, sie kommen von oben. Die Vorstellung von Vollkommenheit wird aber erst möglich, wenn man auf dem Fundament der Werte steht.*

Ideale also sind Werte, gesehen in ihrer Vollkommenheit. Aus ihrer existentiellen Herkunft werden sie, über die Grenze der realen Erreichbarkeit hinaus, als Ideale in ein Bild der Vollkommenheit gehoben, das nur mehr angenähert werden kann.

Auch wenn man den gleichen Begriff einmal als Wert, das andere Mal als Ideal verwendet, hat er doch verschiedene Assoziationen: als Wert bezieht er sich auf die existentielle Situation und ist in Grenzen zu verwirklichen; als Ideal wird er auf seine Vollkommenheit bezogen und bleibt auch in der Annäherung fern. Liebe ist als Wert realisierbar, als Ideal nur anzustreben, das Leben erlaubt nur den Anfang.

Der große Mythos vom permanenten Wandel betrifft Details konkreter Lebensformen, Konventionen, Trends, Geschmacksrichtungen, Moden, Vorlieben. Gerade die Werte und Ideale widerstehen diesem Mythos, weil ebenso die existentielle Situation des Menschen wie die Vorstellung von Vollkommenheit den Grundlagen seines Menschseins entsprechen.

Als Ideale der persönlichen Individualität kann man unter anderen nennen: Liebe, Erkenntnis, Klugheit, Maß, Vernunft, Weisheit, Bildung, Klarheit, Bescheidenheit, Einfachheit. Ideale des überpersönlichen Zustands können sein: Hilfe für Menschen der nächsten und fernen Umgebung, Beseitigung des Hungers in der Welt, Frieden für möglichst viele Menschen, Verwirklichung der Menschenrechte bei möglichst vielen Völkern, befriedigende Arbeit für möglichst viele, Weltgesellschaft der Humanität und Internationalität. Als kulturelle Ideale kann man anführen: Humanismus, religiöses Leben, Gott. Natürlich lassen sich nie genaue begriffliche Trennungen vollziehen. Gerade hier zeigt sich die Möglichkeit für jeden Einzelnen, sich selbst eine eigene Anordnung zu erstellen, wenn er die ihm am besten entsprechende Übersicht anstrebt. Was in diesem Buch versucht wird, ist der Vorschlag einer Möglichkeit.

Nicht die Werte und Ideale wurden durch die Veränderungen unseres Lebensmilieus während der letzten Jahrzehnte inkompetent, wohl aber erlitt unsere bewußte, verantwortliche Offenheit für sie schweren Schaden. Die interpretatorischen Paroxysmen eines Mythos vom permanenten Wertwandel und Wandel der Ideale, soweit Werte und Ideale als solche überhaupt gelten gelassen wurden, verschütteten ebenso die Offenheit, die mögliche Wahrnehmung wie auch die Verantwortlichkeit.

Fluten von Irrationalismen wie politische Ideologien mit katastrophalen historischen, bis heute wirkenden Folgen wie die philosophische Verführung zu mythischen Emotionen bei gleichzeitigem Angriff auf die Vernunft haben unsere Verantwortung gegenüber Werten und Idealen zu überschwemmen versucht. Mit einseitigen Interpretationen von Nietzsche und Heidegger, aber auch Freud und manchen seiner Schüler waren Foucault, der Neostrukturalismus, später Derrida, Lyotard und andere, die man oft einer sogenannten Postmoderne zurechnet, bestrebt, weitere Irrationalismen wachzurufen und zu stärken. Dies alles läßt erkennen, daß die Gefahren einer totalen Vernunftkritik, der davon ausgelösten Fanatismen und politischen Heilslehren noch längst nicht vorbei sind. Anderseits hat auch die positivistische Verkümmerung die Bedeutung der Vernunft erschreckend geschwächt. Der Angriff kam also von zwei Seiten. Gerade diese Tatsache kann aber zu einer neuen Klarstellung führen.

Tugenden, Utopien, Ideologien und Idole

Wer sich mit Idealen beschäftigt, wird bald mit *Tugenden* zu tun haben. Ist aber der Begriff Tugend heute noch verwendbar? Im 18. und 19. Jahrhundert sprach und las man so oft von Tugenden, daß es im 20. Jahrhundert zu einem Aufstand gegen die Tugenden kam. Die Psychoanalyse, der Naturalismus, der Expressionismus waren Zeichen dieser Revolte gegen eine Haltung, die eine stolze Fassade von Tugend aufgerichtet hatte.

Soziale Bewegungen, psychologische Untersuchungen, kritische Theaterstücke und Romane drehten die Fassade um und deckten auf, was sich dahinter befand: nämlich das Gegenteil. Vor allem Sigmund Freud, aber auch Schriftsteller wie Ibsen, Strindberg, Gerhart Hauptmann, Sternheim, Toller, Heinrich Mann zeigten das wahre Gesicht der »Stützen der Gesellschaft«, eben jener so oft von Tugend sprechenden Bürger, die tatsächlich ganz anders handelten.

Das Streben nach Tugend war anfangs freilich ein überaus ernstes und notwendiges Bemühen um persönliche und gesellschaftliche Moral. Vor allem die protestantischen Bekenntnisse des Christentums hatten in der Nachfolge von Luther, Zwingli und Calvin der Korruption, dem Luxus und der Machtpolitik einer unglücklichen Epoche der römischen Kirche strenge ethische und religiöse Forderungen entgegengestellt.

Die Puritaner, ihre Gemeinden und Haushalte, ihre nach Nordamerika ausgewanderten Anhänger, bewirkten einen moralischen Aufbruch, wie es ihn in der Geschichte selten gegeben hatte. Frömmigkeit, Fleiß, Sparsamkeit, Redlichkeit, Anspruchslosigkeit, Pflichterfüllung, Brüderlichkeit ließen eine Gesellschaft entstehen, die mit größtem Ernst und strenger Disziplin diese Tugenden so weit verwirklichte, wie dies Menschen, die bekanntlich schwach sind, möglich ist.

Der unerwartet große wirtschaftliche Erfolg, der sich durch die Befolgung dieser Tugenden einstellte, wurde tragischerweise zur Ursache der Aushöhlung jener Haltung, die ihn bewirkt hatte. Gerade die selbstlos lebenden, im Pioniergeist für eine bessere menschliche Gemeinschaft aufgebrochenen Pilgrim fathers legten den Grundstein zu Betrieben und Organisationen, die einen zivilisatorischen Aufschwung ohnegleichen auslösten: heute noch trägt einer der größten Stahlkonzerne der Welt den sonderbaren Namen »Bethlehem Steel«. Die gigantischen Erfolge, die unabsehbaren Gewinne verminderten die Tugendhaftigkeit ihrer Urheber ganz gegen deren ursprüngliche Absicht: von den Tugenden blieben allzu oft nur der Name, die Beteuerungen, eben die Fassade übrig.

Natürlich sind die Tugenden zu retten, ob unter diesem Namen ist allerdings fraglich. Die Tugenden – griechisch areté, lateinisch virtus – umfaßten ursprünglich die vier »klassischen« Tugenden: Klugheit, Gerechtigkeit, Tapferkeit, Maß. Später die christlich-theologischen: Glaube, Hoffnung und Liebe. Dazu kamen gerade in der Phase des protestantischen Aufbruchs noch viele andere, die vorher bereits genannt wurden. Sie sind als ethische Forderungen niemals ungültig – aber werden sie noch Tugenden heißen?

Wer sich mit Idealen auseinandersetzt, stößt früher oder später auf den Begriff *Utopie*. Utopia kommt von ou-topos, »kein Ort«, »nirgendwo«. Tatsache ist jedoch, daß dieses Wort sehr oft zur Bezeichnung sozialer Konstruktionen und literarischer Darstellungen verwendet wurde, die sehr wohl Beziehung zu Realitäten hatten oder haben sollten.

Man bezeichnete Platons »Staat« als Urbild aller Utopien, und Platon selbst hat versucht, auf Sizilien seine Utopie zu verwirklichen – mit dem bekannten schrecklichen Mißerfolg. Thomas Moore's »Utopia« ist die Schilderung eines erdachten Staates ohne persönliches Eigentum und religiöse Dogmen auf einer fernen Insel. Viele Utopien wurden verfaßt, die erhebliche intellektuelle Wirkungen ausübten, etwa Campanellas »Sonnenstaat« und Francis Bacons »Neu-Atlantis«.

In jüngerer Zeit entstand eine besondere, interessante Abart, nämlich die »negative Utopie«. Auch sie spielt an keinem Ort, gehört der Zukunft an, zeigt ihre Absicht aber deutlich: sie ist ein Gedankenspiel, das als Warnung dienen soll. Aldous Huxleys »Schöne neue Welt«, Orwells »1984« und manche Romane Stanislaw Lems sind solche »negative Utopien«.

Worin liegt nun die Gemeinsamkeit von Ideal und Utopie, und

worin besteht der Unterschied? Wenn man von der »negativen Utopie« absieht, entwirft auch die Utopie ein Wunschbild, allerdings in einem deutlich gekennzeichneten Bereich des Gedankenspiels und der Dichtung. Der phantastische Anteil ist unübersehbar, und meist kommt es ihrem Verfasser trotz aller kritischen und reformerischen Absichten auch auf die effektvolle Gestaltung einer bizarren Szenerie an, der diese Bücher nicht zuletzt ihren Erfolg verdanken.

Gewiß, die Ideale führen ebenfalls über die Wirklichkeit hinaus, doch sind sie als anzustrebende Ziele in vollem ethischem Ernst mit der Realität verbunden – auch wenn klar ist, daß sie nie ganz erreicht werden können. Die Ideale haben zum Kriterium, keine Utopie zu sein. Wenn sie dem Bereich der Phantastik, der utopischen Konstruktion, der Darstellung irdischer Paradiese angehören, sind sie keine Ideale.

Gerade dieser Unterschied wurde im 18. und 19. Jahrhundert ebenso wie in dem unseren oft übersehen oder bewußt verwischt: Utopien wurden zu Idealen umgefälscht, und diese Scheinideale führten in Katastrophen. Die Vermischung von Utopie und Ideal erwies sich – durch Marx, Lenin, Stalin, Mao, Hitler – als das gefährlichste Verhängnis unseres Zeitalters.

Die in der Hitlerzeit aufgewachsene, in der DDR lebende Schriftstellerin Christa Wolf weiß aus eigener Erfahrung viel über die Faszination und Gefährlichkeit von Utopien, die sich als Ideale ausgeben. Sie schreibt in »Nachdenken über Christa T.«, wobei sie vorher »jene herrlichen ausschweifenden nächtlichen Gespräche über die Beschaffenheit des Paradieses« erwähnt: »Die Idee der Vollkommenheit hatte uns erfaßt, aus unseren Büchern und Broschüren war sie in uns eingedrungen, und von den Podien der Versammlungen kam die Ungeduld dazu: Wahrlich, ich sage dir, heute noch wirst du mit mir im Paradies sein!« Mehr als elf Jahre später läßt sie in »Kein Ort. Nirgends« (1979) Savigny zu Kleist sagen: »Wollt ihr es wirklich nicht sehn, welche Einschränkung auf allem Denken läge, wenn wir fürchten müßten, unsre Phantasien könnten in die wirklichen Verhältnisse Eingang finden. Um Himmels willen, nein: Daß man die Philosophie nicht beim Wort nehmen, das Leben am Ideal nicht messen soll – das ist Gesetz... Es ist das Gesetz der Gesetze, Kleist, auf dem unsre menschlichen Einrichtungen in ihrer notwendigen Gebrechlichkeit beruhn. Wer dagegen aufsteht, muß zum Verbrecher werden.

Oder zum Wahnsinnigen.« Der Titel »Kein Ort. Nirgends« ist die genaue Übersetzung des Wortes ou-topos, Utopie.

Leicht ist heute zu verstehen, daß sich gerade Marx gegen soziale »Utopien« leidenschaftlich wehrte und seine eigene Theorie in extremem Gegensatz zu allem »Utopischen« in der gesicherten Wissenschaft ansiedelte. Die Unhaltbarkeit dieses Versuchs – in ihrer Gesamtheit und in unzähligen Details – wurde von der Geschichte bewiesen. Erstaunlich ist das Faktum, daß es einst möglich war, derart gewagte Hypothesen als Wissenschaft zu bezeichnen und ausgerechnet materialistische Exaktheit dafür in Anspruch zu nehmen.

Marx kritisierte – ebenfalls aufschlußreich – heftig auch alles, was mit dem Begriff *Ideologie* zusammenhängt. Für ihn waren Ideologien die Täuschungsmanöver der Bourgeoisie, bloßer »ideologischer Überbau« über den tatsächlichen ökonomischen Kräften. »Ideologie« hieß für Marx »falsches Bewußtsein«. Marx lehnte ebenso den Begriff »Ideal« ab, da es für ihn nur die wissenschaftliche Notwendigkeit der ökonomischen Kräfte und die Forderung gab, ihnen zu gehorchen. Nun, »Ideologie« hat auch heute einen verdächtigen Klang, wird aber oft als Bezeichnung für ein System theoretischer Grundsätze verwendet – etwa mit meist unbewußter Pointe in der Bedeutung: »Marxistische Ideologie«.

Wenn man das Umfeld des Begriffes Ideal weiter erforscht, kann das Wort *Idol* nicht übersehen werden: wer hatte nicht irgendwann einmal ein Idol, war nicht von einem Idol – welcher Art immer – begeistert? Was ist überhaupt ein Idol? Sucht man nach konkreten Beispielen und stellt einige Idole zusammen, fällt deren Verschiedenartigkeit auf. Da gibt es bloße Modeerscheinungen, die rasch vergessen sind, dann aber auch beinahe Leitbilder, Vorbilder, und zwar aus vielen Bereichen.

Zweifellos sind die Massenmedien an der Entstehung von Idolen wesentlich beteiligt, wohl die meisten wurden durch den Film Idolgestalten für ein breites Publikum: Brigitte Bardot, Marlon Brando, Rita Hayworth, Jean-Paul Belmondo, Marlene Dietrich, Vittorio de Sica, Clark Gable waren ebenso Idole wie Greta Garbo, Charlie Chaplin und Rodolfo Valentino. Handelte es sich dabei nur um eine vorübergehende Fan-Mode, waren da bestimmte Wertvorstellungen zu entdecken? Im Showbusiness gab es die Beatles, Elvis Presley, die Rolling Stones, Maurice Chevalier und

Yves Montand, Edith Piaf oder Louis Armstrong, also sehr unterschiedliche Erreger leidenschaftlicher Bewunderung. Der Sport ist ein verläßlicher Idol-Lieferant: Nurmi, Rudolf Carracciola, Jochen Rindt, Max Schmeling, Mohammed Ali, Niki Lauda, unzählige werden folgen. Man kann aber nicht sagen, daß nur Schauspieler, Sänger, Entertainer, Sportler zu Idolen wurden; Schriftsteller und Gelehrte wie Hemingway, Sartre, Schweitzer, Einstein waren idolähnliche Vorbilder.

Die Grenze ist oft schwer zu ziehen: Voltaire, Goethe, Schiller gehören wohl zu den Vorbildern, bei Lord Byron, George Sand, Johann Strauß, Richard Wagner und vielen anderen – so verschieden sie waren – wird man zögern, sie eindeutig zu den Vorbildern oder den Idolen zu zählen, die Übergänge sind fließend. Manche von ihnen gerieten in ein romantisches Licht, das sie Idolen ähnlich machte.

Auch die politische Geschichte brachte Idole und Vorbilder hervor. Mussolini, Hitler, Mao, Ho Tschi Minh, Che Guevara, Fidel Castro waren wohl Idole, John F. Kennedy und Papst Johannes XXIII. vermehrten die Vorbilder.

Idol kommt vom griechischen »eidolon«, in deutscher Übersetzung »Bild«. Die Stoiker verwendeten dieses Wort in der Bedeutung »Bild der Seele, Seelenbild, innere Vorstellung«. In der frühchristlichen Literatur begann sie sich negativ zu färben, vor allem durch die heftige Kritik, die Tertullian an allen Formen der heidnischen Kultur übte. Hieronymus und Augustinus schlossen sich dieser Kritik mit scharfen Worten an, und der große Theologe Hugo von St. Victor, erklärte gar: »Idolum nihil est«. Francis Bacon verwendete den Begriff Idol auch nur negativ, und Kant bezeichnete im Gegensatz zu wahrhaft moralischer Religion ein am Kult fixiertes »Pfaffentum« als Idolatrie. Nun war an den Idolen nicht mehr viel zu retten.

Der heutige Gebrauch des Begriffs Idol schließt zweifellos ein modisches Moment öffentlicher Attraktion ein, das mit der Verbreitung durch Massenmedien, Film, Fernsehen, Illustrierte, Magazine auf engste zusammenhängt. Die bedeutenden Leistungen menschlichen Geistes und ethischer Beispielskraft werden diese Popularität nur selten erreichen, aber manchmal geschieht es doch.

Der Vergleich mit nahestehenden, mitunter ähnlichen, manchmal sprachlich stammesverwandten Begriffen läßt deutlicher hervortreten, was Ideale sind und was sie nicht sind. Man erkennt, womit man sie nicht verwechseln sollte, und dies hilft, sie zu verstehen, zu wählen und anzustreben.

Charaktere im Spiegel der Ideale

Viele Ideale gibt es, und man wird sich für einige wenige entscheiden müssen. Manche stehen zueinander in Widerspruch oder Spannung.

Niemand kann sich einer größeren Anzahl von Idealen gleichzeitig mit gleichem Erfolg nähern. Man wird ein dominierendes Ideal und eine damit übereinstimmende Gruppe von Idealen zu wählen haben.

Innerhalb dieser Gruppe ergibt sich dann eine Ordnung von Prioritäten, die Erprobungen unterliegt und mitunter wechselt.

Jeder wird im Verlauf seines Lebens Idealen folgen, auch wenn er sich dieser Tatsache nicht bewußt ist. Bleibt die Wahl der Ideale seinem Unbewußten, seinen Emotionen, seinem Temperament überlassen, kann er einen geeigneten Weg einschlagen – wenn er die Gabe der Intuition hat. Diese Begabung wurde in einer zunehmend künstlichen und konfliktreichen Zivilisation immer seltener.

Wer sich heute noch auf sein Unbewußtes und seine Intuition verläßt und meint, innerhalb so schwer überschaubarer Verhältnisse, so gegensätzlicher und unvereinbarer Möglichkeiten mit seinem Instinkt schon das Richtige zu treffen, verstrickt sich mit größter Wahrscheinlichkeit in ärgste Probleme. Da er die Probleme nicht einmal erkennt, wird die Verstrickung immer unübersichtlicher und schwerer lösbar.

Das Risiko des Steuerns nach dem ungefähren Empfinden, dem unreflektierten Wunsch des Augenblicks ist dem jungen Menschen noch kaum bewußt. Vorerst wird der Schiffbruch frisch gewagter Versuche als stimulierend erlebt. Die Kraftreserven der Jugend drängen nach impulsivem Draufgängertum. Auch das Mißlingen, das Scheitern werden, wenn der innere Kompaß funktioniert, anfangs als Gewinn von Erfahrung und Lebenskenntnis positiv erlebt – allerdings nicht lange.

Häufen sich die Niederlagen, beginnen Zweifel an der Richtigkeit der Intuition aufzukommen. Die Verläßlichkeit des Unbewußten erscheint dann immer fragwürdiger. Die Notwendigkeit des Überdenkens, die Abstimmung der eigenen Kraft und Begabung auf die Situation, in der man sich befindet, wird deutlicher. Wer diese Notwendigkeit erkennt und ihr gemäß handelt, gewinnt die Chance – zwar von dem Punkt aus, an dem er steht, aber ein Stockwerk höher – weiterzugehen.

Der Beginn der Intuitionskrise, der Krise des Sichverlassens auf das angeborene Unbewußte kann schon in der Jugend eintreten. Wenn nicht, wird dies mit größter Wahrscheinlichkeit später nachgeholt. Wie immer betitelte Krisen brechen dann aus, unter denen die Midlife-crisis die bekannteste wurde.

Zum Unterschied vom Tausendfüßler haben wir mehr als tausend, und zwar künstlich dazuerworbene Füße, ohne daß jedoch die instinktive Fähigkeit ihres unbewußten Gebrauchs mit uns mitgewachsen ist. Wir sind aber auch nicht mehr imstande, sogar wenn wir es wollen, alle diese dazuerworbenen Füße wieder loszuwerden.

Aus der Entwicklung ins dritte Millennium nach Christus können wir nicht mehr aussteigen. Der Einzelne hat nur die Möglichkeit, auf Ziele innerhalb dieser Dimension hin zu leben. Gewiß wird man nur solche Ideale wählen können, die der eigenen Persönlichkeit entsprechen – doch die Möglichkeiten der Bewußtwerdung, des Erkennens sollen nicht bequem und resignativ unterschätzt werden. Auch wenn innere und äußere Grenzen bestehen, Störungen unvermeidbar sind – der Schritt auf Ideale zu ist möglich. Nur wenige sind sich klar darüber, welch kraftgebende Wirkung von diesem Schritt für den ausgeht, der ihn tut.

Viele Ideale stehen zur Wahl, und der Versuch, sich Überblick zu verschaffen, ist eine günstige Voraussetzung. Man kann dabei von praktisch gelebten Lebensformen ausgehen, von darstellbaren, beschreibbaren Modellen, und zu einer *Typologie der Idealorientierung* kommen, die Rückschlüsse auf das eigene Verhalten erleichtert.

In den verschiedenen Konstellationen dominiert jeweils ein Ideal, andere Ideale sind ihm nachgeordnet. Die Akzentuierung kann wechseln, die ethische Bedeutung der Ideale im Sinn des »allgemein Wünschenswerten« wird mehr oder weniger unbestreitbar sein.

Die Skizzierung solcher Konstellationen – die folgende ist weder die einzig mögliche, noch umfaßt sie den Bereich aller Ideale –

stellt Spiegel auf, in denen man sich wahrscheinlich da oder dort zumindest teilweise selbst erblickt. Jeder kann dieses Spiegelspiel des Beobachtens, Erkennens und Selbsterkennens weiterführen, er kann seine Freunde, Mitarbeiter, Verwandten darstellen und wird damit mehr Klarheit über sie, vor allem über sich selbst, sein eigenes Verhalten und seine Möglichkeiten gewinnen.

Warum wählt der eine diese, der nächste eine ganz andere Konstellation von Idealen? Das hängt von Herkunft, Zeitsituation, Milieu, schicksalhaften Verflechtungen und vom individuellen Temperament ab, aber sehr wesentlich auch vom Maß des Erkennens, des Wollens und der dazu aufgewendeten Kraft. In der Entscheidung für bestimmte Ideale und der Wahl eines ebenso klugen wie konsequenten Weges auf sie zu zeigt sich die Fähigkeit des Einzelnen, sich innere und äußere Freiheit zu schaffen und diese zu nützen.

Da hat jemand die *Freiheit als sein wichtigstes Ideal* gewählt. Konventionelle Schranken liebt er nicht, er lehnt sie, soweit das möglich ist, ab, setzt sich über sie hinweg. Er will mobil und unabhängig sein, wird kaum einen Beruf mit garantiertem Avancement und hoher Alterspension haben. Wahrscheinlich reist er oft und wechselt mehrmals seine Tätigkeit.

Das Ideal des Individualismus wird ihm viel bedeuten. Gewiß riskiert er mehr als andere. Er hat Freude am Improvisieren, auch wenn er in der Grundorientierung konsequent bleibt. Er will etwas werden, etwas darstellen, nicht »nichts« sein, sucht Erfolg und Einfluß, hat das Ideal des Schaffens und Aufbauens. Mit dem Ideal der Familie wird er sich wahrscheinlich schwertun, besser kommt er mit dem Ideal der Freundschaft zurecht.

Solche Freiheits-Individualisten sind in Zeiten harter Widerstände oft zu beobachten: in Phasen wirtschaftlicher Not, offener sozialer Konflikte, in Kriegszeiten, Nachkriegsjahren oder nach Zusammenbrüchen und Katastrophen, in dramatischen Einsatzperioden dynamischen wirtschaftlichen Aufschwungs. Man könnte einen Charakter, der eine solche Konstellation von Idealen gewählt hat, den *Freiheits-Individualisten* nennen.

Freiheit ist ein initiales Ideal, ein Schlüssel-Ideal. Denn wie könnte man sich ohne Freiheit für Ideale entscheiden? Erst die freie Entscheidung ermöglicht die notwendige Distanz und Urteilsfähigkeit, den Idealen in Verantwortung nachzustreben.

Ein anderer folgt vor allem dem *Ideal der Sicherheit*. Er möchte unangreifbar sein, in seinem Wesen ebenso wie in seinem praktischen Tun. Das Ideal der von niemandem bezweifelten Anständigkeit bedeutet ihm viel, sein Platz ist innerhalb der Konventionen, die er souverän einhält und als Schutz nützt.

Da er nicht angegriffen werden will, greift auch er nicht an. Er beachtet die Rechte des anderen und will seine eigenen von diesem nicht gefährdet sehen. Im Gegenteil, er will Vertrauen geben und im anderen erwecken.

Er wird das Ideal des geordneten Lebens, des guten Auskommens mit seiner privaten und gesellschaftlichen Umgebung schätzen. Ein solides Dach über dem Kopf und ausreichend Boden unter den Füßen erwirbt er sich im Lauf der Zeit mit Geschick und konsequenter Energie.

Das kluge Sich-Arrangieren mit den Möglichkeiten und Bedingungen seiner Umwelt, das besonnene Vorgehen, sensibles Taktieren, das Spannungen vermeidet, aber dennoch Ziele erreichen läßt, wird eines seiner Ideale sein. Für ihn sind ein überschaubarer, abgesicherter beruflicher Weg ohne Abenteuer, aber mit Ansehen, die Gründung einer harmonischen Familie, die Widmung und Sorge für sie wichtig, und er hat meist Begabung dafür.

Ein solcher Charakter ist in jenen Phasen öfter zu finden, die derartige Ideal-Konstellationen begünstigen, in Jahren gesellschaftlicher Ordnung und einigermaßen ruhiger Entwicklung. Man könnte ihn als *Erwecker von Vertrauen, von kommunikativer Harmonie* auf dem Boden der Sicherheit bezeichnen.

Das Ideal der Sicherheit ist mit den Idealen Besonnenheit, persönlichem Frieden und sehr genauer, vorsichtiger Einschätzung der Realität verbunden.

Ein Dritter lebt für das *Ideal der Lebensfreude*. Das wird zum Ausschauen nach Positivem führen und die Befriedigung sein, sich mit diesem Positiven zu umgeben, es zu verstärken. Das Ideal des Lebensgenusses braucht nicht in materiellen Hedonismus abzusinken. Es kann sich auf einem Niveau bewegen, wo es andere Menschen miteinbezieht, wo es Zustimmung zu Schönheit und substantiellen Werten verbreitet, das Auge und Ohr, das Verstehen, die Dankbarkeit dafür, das Erleben weckt.

Das Ideal des Spiels wird dann wahrgenommen, eines Spiels, das die Realität nicht in Ästhetizismus umfälscht, sondern die ästhetischen Möglichkeiten der Realität erkennt und nützt. Die

Bewußtheit des Spiels als Rolle, die man lebt, kann nur Lebensmetapher werden, ohne die Wirklichkeit zu vertuschen. Sie wird zu Problemen Distanz geben. Das Wort »Person« als persona, als »Rolle«, aber auch »Maske« und »Persönlichkeit« erweist sich dabei als aufschlußreich.

Das Verlangen nach Lebensfreude kann zu philosophischer Balance führen und in der Folge zu einem Leben, in dem fast alles gelingt. Lebensfreude braucht nicht erst einzutreten, wenn Egozentrik ihr vorausgeht. Die Kriterien von Kultur, Horizont, Verständnis für die menschliche Umgebung, für die Möglichkeiten und Grenzen des Einzelnen sind ausschlaggebend.

Solche Menschen werden in ihrem Beruf nur wenig Ehrgeiz entwickeln. Sie haben meist ihren unauffälligen, aber angenehmen Platz, der sie ein wenig, wenn auch nicht brennend interessiert und ihnen Basis und Spielraum gibt.

Die Lebensfreude kann sich in konventionellen Bereichen ausdrücken, in der Instrumentierung menschlicher Beziehungen, in der Freude an verschiedenen Künsten vom Musealen bis zur Moderne, ebenso der möglichst unveränderten Natur, der Landschaft, von Wasser und Himmel, Sonne, Wärme und Schnee. Sportarten werden genützt, die von Rousseau und Thoreau vertretenen Ideale eines von der Zivilisation ungestörten Daseins tauchen oft in den verschiedensten Zusammenhängen auf.

Allerdings kann umgekehrt auch die technische Zivilisation zum ergiebigen Schauplatz des Spiels werden. Flugzeug, Reisen, Fernsehen, Videorecorder, klassische und moderne Diskotheken, Sammlungen von Videokassetten und Tonkassetten, tragbare Radios sind dann wichtig.

Oft finden sich beide Haltungen gleichzeitig in einer Person, sie können einander ergänzen, aber auch widersprechen, je nachdem ob man daraus unvereinbare Prinzipien gemacht hat.

Charaktere, denen diese Konstellation von Idealen entspricht, gibt es in allen Zeitumständen, in allen Milieus und sozialen Schichten: es muß sich um einen besonders anpassungsfähigen Typus menschlicher Lebensform handeln. Mit den Situationen wechseln freilich die Möglichkeiten gewaltig. Menschen solcher Art findet man in äußerst bescheidenen Verhältnissen, unter Arbeitern, Bauern ebenso wie unter den Reichen der Erde – aber im Wohlstand, eben dort, wo man sie am häufigsten vermutet, eher weniger oft. Man trifft sie an den Fronten der Kriege, im Hinterland, als einfache Soldaten, als Offiziere und als Zivilisten in Phasen der Konjunktur und der Wirtschaftskrise. Sie wachsen oft aus einer natürlichen Volksphilosophie und sind ebenso in Bereichen intellektueller Bildung zu finden. Man könnte in ihnen die *Heiteren in der Gefahr ebenso wie im Überfluß, die Geborgenen aus eigener Begabung, aus geschenkter oder erworbener Gelassenheit* sehen.

Lebensfreude ist ebenfalls ein initiales Ideal, denn wie soll man ohne Lebensfreude, ohne Bejahung des Daseins, ohne Liebe zum Leben überhaupt Ideale anstreben? Lebensfreude kann je nach persönlicher Veranlagung stärker, schwächer, oft gar nicht vorhanden sein, doch es ist möglich, sie selbst zu verstärken, sie sich selbst zu lehren. Dazu ist die richtige Ausgangsposition zwischen Wollen und Können, zwischen einem Anspruch und realer Möglichkeit wichtig. Auch das Ideal der Lebensfreude kann gelernt und umso wirksamer sein.

Andere folgen einem *Ideal der Bewegung nach vorn*. Sie wollen eine bessere Welt, und dies oft bis zur Selbstaufopferung. Ihre einzelnen Ideale sind Brot für alle, Arbeit für alle, Frieden und soziale Sicherheit, Chancengleichheit für die Menschen der ganzen Welt.

Das Ziel ist unendlich fern, aber das ficht sie nicht an. Sie stellen ihre persönlichen Vorteile der beruflichen Karriere, des Erlangens von Besitz, der Gründung und Pflege einer Familie zurück und finden ihre Befriedigung im totalen Einsatz für evolutionäre – oft auch revolutionäre – Veränderungen unserer Gesellschaft.

Nicht nur die Gesellschaft, die Menschen selbst sollen anders werden, ihr Egoismus sich in Nächstenhilfe, in Weltverantwortung verwandeln. Ihr menschlicher Horizont, die Optik ihres Gewissens sollen sich kategorisch erweitern, und die materiellen und ichbezogenen Interessen dadurch möglichst ganz verschwinden.

Solche Menschen sind für sich selbst anspruchslos und erwarten dies auch von anderen. Ihr Privatleben gilt ihnen wenig. Sie sind sich des Elends in der Welt bewußt und tun, was möglich ist, um das Bewußtsein dieses Elends im Umkreis einer wohllebenden Zivilisation zu wecken, in der Butterberge, Milchseen, Obsthalden zur Aufrechterhaltung guter Preise vernichtet werden. Wenn sie ihre Ideale ernst nehmen, verabscheuen sie Gewalt, nicht nur fremde, auch die eigene, soweit sie sich nicht gegen Kriminelle oder politische Verbrecher (Hitler, Stalin) richtet.

Menschen dieser Art sind die aufstörenden und fruchtbaren Unruhestifter in unserer Zivilisation. Ihr Verhalten, ihre Aktivität, ihre Stimme sind immer unbequem. Der Ursprung ihrer Motive kann religiös, sozialpolitisch, auch allein humanitär im Geist der Aufklärung sein. Oft geschieht alles, um sie von Positionen fernzuhalten, wo sie deutlich sichtbar und hörbar werden und wirken können. Anderseits verstehen viele von ihnen ungemein geschickt und effektvoll, die Massenmedien zu handhaben.

Man begegnet ihnen in verschiedensten Berufen, vor allem in intellektuellem, bürgerlichem Milieu. Während einst die Intellektuellen mit solchen Idealen unter den Arbeitern stärkste Resonanz fanden, hören nun die Arbeiter oder die Bauern am wenigsten zu, wenn es um den Hunger in der Welt, um Frieden in Kambodscha und Afghanistan oder im Nahen Osten geht. Für sie sind – aus begreiflichen historischen Gründen akuter Armut des eigenen Standes – der eigene Arbeitsplatz und nicht nur Brot und Butter, sondern auch ausgiebige Freizeit, Auto, Ferienreise, das Häuschen auf dem Land besonders interessant. Was allerdings nicht bedeutet, daß der Prozentsatz jener, die mehr als das wahrnehmen, in anderen Berufen erfreulich groß wäre. Menschen, die diese aufstörende und fruchtbare Unruhe verbreiten, kann man *Evolutionäre, Revolutionäre* – oft auch, je nachdem, – *stille Revolutionäre* nennen.

Solche Ideale der Evolution oder Revolution sind meist politisch. Sie gehören zu jenen Idealen, die mit der widerspenstigen Realität – und der eigenen Ungeduld besonders leicht in Konflikt geraten.

Das *Ideal der Bewegung nach vorn* kann auch auf ganz *anderem Weg* angestrebt werden. Dies tun oft Wissenschaftler, Techniker und Wirtschaftstätige, die durch Verbesserungen der Zivilisation, durch Erweiterung und Rationalisierung der zivilisatorischen Instrumente die Not, den Hunger, die Krankheiten auf der Welt eindämmen wollen.

Sie sind überzeugt, daß es nur durch die Wissenschaft, die Technik und eine bessere wirtschaftliche Organisation möglich sei, Hunderte Millionen vor dem verfrühten Tod, vor Epidemien und Armut zu retten. Sie sagen: wie sonst sollte das geschehen?

Ihre Argumentation ist ohne Illusionen. Für sie sind die Menschen, wie sie eben sind: egoistisch, auf den eigenen und zwar kurzfristigen, greifbaren Vorteil aus. Sie sind überzeugt, daß nur der eigene Vorteil imstande sei, den Horizont des Denkens, Handelns, der Verantwortung der Menschen zu erweitern.

Der Ausbau von Wissenschaft, Technik, wirtschaftlicher Organisation und ihre Verbreitung über die ganze Welt bringt ja auch allen jenen, die das zustande bringen, enorme Vorteile. Also müsse man den Menschen nur klarmachen, daß es gelte, äußerste Anstrengungen zu unternehmen, die technische und wirtschaftliche Zivilisation weiterzuentwickeln, denn dann verbinde sich mit dem eigenen Gewinn der Gewinn für viele, für immer mehr, einmal für alle in der Welt. Gewiß nicht sofort, aber im Lauf der Zeit.

Menschen dieser Art folgen dem Ideal der Arbeit, der Leistung, der Steigerung der Leistung. Sie haben ein Ideal der kreativen Phantasie, des wissenschaftlichen Erkennens, des technischen Erfindens. Ihre Tüchtigkeit findet fast immer beträchtlichen Lohn, sowohl materiellen Gewinn als auch hohes Ansehen. Sie werden immer wieder ihre Pläne korrigieren und weiterhin Energie und Einfallskraft einsetzen.

Persönlich sind sie meist durchaus anspruchsvoll, sie sammeln Besitz, investieren ihre Gewinne, haben eine große Familie, repräsentieren gern, lieben Luxus – haben aber selten Zeit, dies alles zu genießen. Der Totaleinsatz gefährdet ihre Gesundheit, verkürzt ihr Leben. Auch wenn sie mehr sind als Manager, die Managerkrankheit wartet auf sie. Ihr Privatleben ist trotz aller Erfolge karg und voll unlösbarer Probleme. Der berufliche Glanz muß meist die Befriedigung des Privatlebens ersetzen.

Diese Menschen trifft man in den Direktionsbüros der Wirtschaft, der Konzerne, der Banken, in den Konstruktionsbüros der Fabriken, den Forschungsinstituten, den wissenschaftlichen Laboratorien. In Zeiten der wirtschaftlichen Konjunktur, die sie wesentlich mitschaffen, haben sie die Phase ihrer besten Entfaltung.

Man darf nicht übersehen, daß es eine Variante gibt, die in religiösem Boden wurzelt. Calvinismus und Puritanismus forderten Arbeit, Fleiß, Leistung und ebenso Nächstenliebe, Selbstgenügsamkeit, persönliche Sparsamkeit. Der Erfolg wird als Zeichen gottgefälligen Handelns aufgefaßt. Die Errichtung unserer gesamten Zivilisation verdankt dieser Haltung viel, vor allem in England, den USA, der Schweiz und den protestantischen Teilen Deutschlands, wo der technische und wirtschaftliche Fortschritt sich am frühesten und stärksten entwickelte.

Die calvinistischen und puritanischen Idealisten dieser Haltung sehen in ihrem Tun die langsame Annäherung an eine christliche Gesellschaft. Für sie sind vor allem die Wirtschaft, aber auch Technik und Wissenschaft unumgängliche Mittel, den Weg zum Heil zu gehen, der niemals – weder für sie noch für andere – bequem sein kann.

Die weltlich motivierten Praktiker dieser Art könnte man *skeptische Optimisten der Wissenschaft, Technik und Wirtschaft* nennen, sie sind kritische Evolutionäre – kritisch gegenüber der inneren Verwandlungsfähigkeit des Menschen vom Egoisten zum Altruisten. Ihr Optimismus baut skeptisch diese Tatsache ein.

Die Ideale der wissenschaftlichen, technischen, wirtschaftlichen Evolution schließen erhebliche Intelligenzleistungen ein. Nur wenn diese Leistungen die Bezogenheit auf humanitäre Ziele niemals verlieren, bleiben sie tatsächlich Ideale.

Ganz anders sind jene Menschen, die dem *Ideal der Nächstenliebe* folgen. Sie handeln meist aus religiöser Überzeugung, oft aber allein aus weltlich-menschlichem Mitleid mit der Not – der körperlichen und seelischen Not – anderer Menschen.

Für sie ist die Not des Einzelnen entscheidend, des Leidenden, des Kranken im Nachbarhaus, in der eigenen Straße, im Bekanntenkreis oder der beruflichen Umgebung. Oft wird ein Beruf gemäß diesem Ideal gewählt. Ärzte, Ärztinnen, Krankenschwestern, Krankenpfleger, Sozialhelfer, Psychologen, Psychologinnen, Sozialhelferinnen wird man unter ihnen finden, auch Lehrer und Lehrerinnen, vielfach für behinderte Kinder, Mitarbeiter von Hilfsorganisationen.

Ihnen geht es zwar auch um die Abschaffung des Hungers in der ganzen Welt, auch wenn sie selbst in Europa leben, um die Probleme in den Slums von Lateinamerika, vielleicht auch um gesellschaftliche Veränderungen in der westlichen Zivilisation – vor allem aber leisten sie die dringende Hilfe im jeweils nahen, überschaubaren Kreis, denn Krankheit, Leiden, Tod zeichnen jedes menschliche Leben.

Wer das Ideal der Nächstenliebe als wichtigstes gewählt hat, ist zur Stelle. Er lernt zu helfen.

Das Ideal der Güte ist in der Nächstenhilfe eingeschlossen, ist ihr Kern. Aber Güte allein kann auch hilflos und passiv sein, zur Nächstenhilfe gehört mehr: nämlich die Fähigkeit zu helfen. Die

Güte sieht, was fehlt, sie leidet mit in ihrer Sensibilität, aber die Nächstenhilfe handelt.

Menschen dieser Art sind in Zeiten des Krieges, des Nachkriegs und der Wirtschaftskrise öfter zu finden als in Perioden friedlichen Wohlstands. Viele allerdings haben in Phasen der Erschütterung und Not ihre Entscheidung getroffen, ihr Ideal gewählt, ihren Beruf angetreten und wirken nun in Phasen der Prosperität und des Überflusses. Manche kommen von ihrer Wahl ab, biegen in Karrieren, in materielle Progression ein. Andere bleiben, was sie waren.

Sie sind freilich im allgemeinen Wettlauf nach Erfolg, Besitz und Freizeit wenig sichtbar. Man merkt sie, wo sie gebraucht werden, wo es sie immer in zu geringer Zahl gibt, an Krankenbetten, bei der Pflege von Behinderten, von alten, schwachen, sterbenden Menschen. Sie denken an sich erst in zweiter Linie. Auffällig ist der große Anteil an Frauen unter ihnen.

Diese Menschen erhellen das Leben eines jeden, der sie trifft. Man trifft sie öfter, als man meint, denn häufig werden sie nicht als das erkannt, was sie sind, weil ihr Tun selbstverständlich erscheint und nach kurzem Dank oder unbedankt vergessen wird. Trotzdem sind sie da, und wer sie wahrnimmt, sich ihrer Hilfe bewußt bleibt und ihnen Dankbarkeit bewahrt, bewahrt auch die Helligkeit.

Man könnte sie als die *Menschlichsten der Menschen* bezeichnen *im Sinn dessen, was Menschen füreinander tun können.*

Das Ideal der Nächstenliebe ist das Hauptideal des Christentums. In der Formulierung »Liebe deinen Nächsten wie dich selbst« liegt die Liebe zur eigenen Person, damit zur Lebensbejahung, eingeschlossen.

Man kann noch viele Konstellationen von Idealorientierungen aufzeigen, etwa jene unter dem *Leitideal des künstlerischen Schaffens*. Individualismus, Freiheit, Überspringen der Konventionen, höchste Kreativität werden dann als weitere Ideale zu finden sein. Oder die Gruppierung nach dem *Ideal der Bildung, des Wissens, des Lehrens*. Ein Leben in *Religiosität* kann zum wichtigsten Ideal werden, dem sich andere Ideale – Gebet, Demut, Nächstenliebe und Nächstenhilfe, vielleicht Kunst, oder Lehre – zuordnen.

Bei der Porträtierung der Ideal-Konstellationen bin ich bisher von den demokratischen Verhältnissen des »politischen Westens« ausgegangen. Manche dieser Porträts werden – in mehr oder weniger starken Varianten – auch für die Lebensform in den Staaten des »Realen Sozialismus« zutreffen. Ich will noch drei Darstellungen anfügen, die mir im Bereich des »politischen Ostens« besonders aufgefallen sind.

Dabei ist allgemein zu sagen, daß die kommunistische Lehre des Marxismus als theoretische und praktische Grundlage der Volksdemokratien eine strenge Verpflichtung zu ethischem Verhalten einschließt. Die Anstrengung, die Bevölkerung – Arbeiter ebenso wie Intellektuelle und Funktionäre – auf diese Ethik hin zu orientieren, ihr Gewissen, ihren Willen zu wecken, ist augenfällig. Es handelt sich dabei um eine »proletarische Ethik«, eine Ethik, die aus der sozialen Schicht der »Arbeiterklasse« hervorgehen soll. Die »offiziellen« Ideale sind also jene des Kommunismus, der Nähe zur oder der Identität mit der Arbeiterschaft, Ideale der Verbesserung des Sozialismus im eigenen Land und dessen Verbreitung in der ganzen Welt.

Man findet ein merkwürdiges Gemisch altbekannter Begriffe, wenn man die offiziellen Schriften Lenins bis zu den kollektiven Publikationen über Ethik und Moral unserer Jahre liest. Da ist von Ausdauer, Beharrlichkeit, Bereitschaft, Entschlossenheit (Lenin) die Rede, von Kühnheit, Tapferkeit, Furchtlosigkeit, Selbstlosigkeit, wobei stets das Attribut »proletarisch« hinzugefügt wird. Man liest und hört vom »Heldenmut des Proletariats«, der eine »unmittelbar praktische Tugend« ist. Von »Heldentaten«, »Helden« und von »Ehre« wird gesprochen, als lebten wir nicht weit vom Nibelungenlied. Der Zusammenhang dieses historisch-ritterlichen Vokabulars mit Grundsätzen des dialektischen Materialismus ergibt ein sonderbares Durcheinander von absoluter moralischer Strenge und einer sie relativierenden Abhängigkeit von der jeweiligen Klasse und Situation, wobei letztlich die Partei bestimmt, was nun gerade Tugend ist und was nicht. Sie allein interpretiert die allgemeinen Begriffe, und nur was sie sagt, gilt.

Trotz aller Enttäuschungen findet man im »Realen Sozialismus« auch heute Menschen – nicht viele –, die das *Ideal der Verwirklichung einer kommunistischen Gesellschaft* anstreben. Sie sind überzeugt, daß die bürgerliche Lebensform ausgedient oder versagt habe, daß sie historisch überwunden sei. Ein neues Bewußtsein von Volksnähe, Solidarität, Gleichheit der Bedingungen für alle Menschen soll wachgerufen und verbreitet werden. Alle

Unterschiede von Klassen und Ständen – soweit sie noch bestehen – seien abzuschaffen, die »neue Moral« des internationalen Proletariats sei zwar nur »Überbau« (nach Marx), doch wer dem Ideal der kommunistischen Gesellschaft folge, wird trotzdem die ausschlaggebende Bedeutung dieser Moral nicht anzweifeln.

Gerade wenn die sozialen Errungenschaften der Volksdemokratien hinter den eigenen Erwartungen und Forderungen zurückbleiben, wenn die sozialistische Wirtschaft unübersehbar schlecht funktioniert, wird die Moral immer wichtiger. Wozu der Luxus der westlichen Demokratien, des Kapitalismus, heißt es dann. Im Bereich des »Realen Sozialismus« geht es, so argumentieren jene, die dieses Ideal anstreben, vor allem um Solidarität den Mitmenschen gegenüber, um Arbeit für sie, um Befriedigung aus dieser Arbeit. Die Orientierung auf diese Ideale hin wird um so stärker, je weniger der Lebensstandard und die sozialen Verhältnisse der Basis im Vergleich zu denen der westlichen Gesellschaft gehoben werden können.

Der Bereich des »Dialektischen Materialismus« soll eine blockweite Erziehungsanstalt für künftige Idealisten sein. Die Transparente, Aufschriften, Propagandaschriften, die Allgegenwart der Lehre läßt sich nur mit den großen kirchlichen Propagandaphasen der katholischen Kirche im Mittelalter und zur Barockzeit vergleichen, deren Lehrinhalte manchmal sogar ähnlich klangen, auch wenn sie sich in Ursprung und Ziel wesentlich davon unterschieden.

Menschen, die den Idealen des marxistisch-leninistischen Sozialismus folgen, sind mitunter noch in den »Führungskadern«, also unter den höheren, aber auch niederen Funktionären zu finden, sie gelten als *Kommunistische Aktivisten*.

Das Ideal einer kommunistischen Gesellschaft hat frühe historische Wurzeln, vor allem in christlichen Häresien, wurde aber erst durch Marx und Lenin zum Motiv einer politischen Kraft, die heute weltweiten Einfluß ausübt. Der Mißbrauch dieses Ideals hat dessen ursprüngliche Möglichkeit praktisch aufgehoben.

Solchen Idealisten stehen jene gegenüber, die im Bereich des »Realen Sozialismus« das *Ideal der Veränderung der kommunistischen Gesellschaftsordnung* anstreben. Sie halten den großen Versuch für gescheitert. Für sie ist die enorme Verbreitung dieses politischen Systems das Ergebnis rücksichtloser sowjetischer Machtpolitik – oder früherer fundamentaler Irrtümer.

Manche folgen demokratisch-sozialistischen Idealen, andere religiösen Idealen, manche einer Kombination von beidem, wieder andere den Idealen einer konkret christlich-orthodox geprägten Gesellschaft. Die meisten sind sich klar darüber, daß vor allem im sowjetischen Bereich die Ideale der westlichen Demokratien nur in gewandelter Form angestrebt werden können, da die historisch-bürgerliche Voraussetzung weitgehend fehlt.

Menschen dieser Art sind meist Individualisten, sie heißen mitunter, aber eher selten, Dissidenten. Sie leben in verschiedenen Positionen, viele sind integriert, kaum als Gegner des Systems kenntlich, andere offene Kritiker des Regimes. Man kann sie *Evolutionäre, gelegentlich Revolutionäre* gegen den »Realen Sozialismus« nennen. Sie setzen beim Resultat der Revolutionäre von gestern und vorgestern an. Es wäre falsch, sie als Gegen-Revolutionäre zu bezeichnen, da sie nicht frühere Verhältnisse wiederherstellen wollen, sondern für eine Gesellschaftsordnung eintreten, die es bisher noch nicht gegeben hat – das einzige Ziel, das ihnen realistisch möglich erscheint.

Zwischen diesen beiden Charaktertypen sind noch die inneren Emigranten zu finden: sie folgen dem *Ideal der größtmöglichen Individualität,* in Ablehnung und Ignorierung des sie umgebenden gesellschaftlichen Systems. Sie suchen einen Platz, an dem sie möglichst unbehelligt sind, tun ihre Arbeit oft mit wenig, mitunter jedoch mit erheblichem Erfolg.

In ihrer möglichst ausgiebigen freien Zeit lesen sie viel, informieren sich durch ausländische Radiosendungen, beschäftigen sich mit den Künsten, besuchen Ausstellungen, hören Schallplatten. Ihre Wohnung, oft nur ihre Küche, sind ihre Höhle, denn von »Burg« kann man da nicht sprechen.

Wissenschaftler, Intellektuelle sind unter ihnen, Leute meist geringeren, oft aber auch höheren und hohen Ranges in verschiedenen Institutionen. Viele von ihnen führen ein Doppelleben. Sie tun im Beruf, was verlangt wird, soweit es ihr Gewissen erlaubt, und sonst konzentrieren sie sich darauf, ihren Individualismus zu entwickeln.

Manche haben künstlerische Berufe und halten sich, soweit es geht, von der Politik fern. Sie leben für Theater, Musik, Malerei, in einem ästhetischen Raum. Sie kreisen in ihrer oft durchaus komfortablen selbstgebauten Astronautenkapsel durch den Kosmos des »Realen Sozialismus«, machen ihre ästhetischen Experimente und blicken manchmal verächtlich durch die Luken, um sich sogleich wieder abzuwenden.

So introvertiert sie scheinen, kommen sie mit ihren geistigen Versuchen und Beobachtungen meist zu erstaunlichen und oft sehr fruchtbaren Ergebnissen. Auf diese Weise entstehen viele Werke der Literatur, der Malerei, der Musik und der Philosophie, die in der ganzen Welt Bedeutung erreichen – oder auch niemals bekannt werden.

Die *intellektuellen inneren Emigranten des Realen Sozialismus* könnten sich einmal als wichtige Schöpfer einer künftigen kulturellen Entwicklung herausstellen.

Was habe ich mit diesen typischen Porträts darzustellen versucht? Eine kleine »Typologie der Idealorientierung« sollte entstehen, eine Galerie von Prototypen, ein Panorama von Psychogrammen verschiedener Charaktere, wie sie heute zu beobachten sind. Sie wurden jedenfalls aus der Orientierung auf Ideale hin entworfen. Es ging um die Konstellation von Idealen, welche die Menschen, ihr Leben, ihre Entscheidungen, ihr Schicksal bestimmen können.

Noch unzählige andere sind möglich, jeder kann weitere Porträts aus der eigenen Erfahrung entwerfen. Charaktere werden durchsichtig, wenn wir die Ideale herausfinden, denen sie folgen, oft ohne sich dessen bewußt zu sein.

Andere leben tatsächlich fast ohne Idealorientierung, da sie ihre Ideale entweder ständig wechseln, oder derart primitive egoistische Ziele anstreben, daß man diesen das Attribut des »allgemein Wünschenswerten« nicht zubilligen kann. Ob solche Menschen glücklich werden? Ob sie nicht einer paradoxen materialistischen Illusion nachlaufen? Das nächste Kapitel wird genauer darauf eingehen.

Das Ideal des persönlichen Glücks

Beobachtet man das Leben des durchschnittlichen Bürgers in den westlichen Demokratien, dann zeigt sich deutlich eine hedonistische, auf Konsum und Vergnügen gerichtete Glücksvorstellung. Ist sie, wenn die Ebene des Körperlichen und Materiellen nicht überstiegen wird, als ein Ideal zu bezeichnen? Es handelt sich um ein maximales Genußverlangen, das durch den technischen Fortschritt phantastische Dimensionen erreicht hat. Die heute realisierten Möglichkeiten lassen die Wunschträume orientalischer Herrscher oder des französischen Sonnenkönigs weit hinter sich. Mondfahrt, Fernsehen, Telefon, Flugzeug, Auto – das alles zusammen hätte deren Einfallskraft überschritten.

Gerade die ausschließliche Blickrichtung auf das Vergnügen schafft aber das allgemeine Mißvergnügen; je materialistischer das Vergnügen, um so rascher verwandelt es sich in sein Gegenteil. Durch das Verharren auf der materiellen Ebene kommt es nicht zur Reflexion. Mit größter Intensität werden neue Einfälle kreiert, die nicht nur die Befriedigung vorhandener Wünsche zustande bringen, sondern neue Wünsche überhaupt erst schaffen. Dadurch wird ein Mechanismus in Bewegung gesetzt, der ein Verlassen der hedonistischen Tiefebene und ein Aufsteigen in darüberliegende Bereiche außerordentlich erschwert.

Der Materialismus der westlichen Demokratie hat zum Unterschied vom »Dialektischen Materialismus« keine ideologische, sondern eine hedonistische Dominante. Während die kommunistischen Staaten des verwirklichten *»Dialektischen Materialismus«* – und mit ihnen die dort lebenden Menschen – unter den Widersprüchen des Systems zu leiden haben, war dem *»Hedonistischen Materialismus«* uneingeschränkter und breiter Erfolg beschieden. Wenn auch dadurch manche soziale und wirtschaftliche Probleme verschwanden und ein erheblicher allgemeiner Wohlstand eintrat, kann dies nicht über die Tatsache hinwegtäuschen, daß die Zielvorstellungen der Menschen auf Dinge gelenkt wurden, in denen sie das verheißene Glück letztlich nicht finden.

Nichts gegen Ferienglück, gegen die Freude unbeschwerter Stunden und Tage, nichts gegen Augenblicke, bei denen es sich allein um hedonistische Höhepunkte handelt. Auch privater Komfort und Konsumvergnügen haben ihre sehr zu begrüßenden Vorzüge. Sie steigern die Lebensfreude, machen das Dasein angenehm, *nur reichen sie nicht aus, um jemals zu einem »Ideal des persönlichen Glücks« werden zu können.* Und gerade dann um so weniger, wenn der Drang immer stärker wird, sie mit aller Kraft maximal zu quantifizieren.

Allerdings gibt es noch einen »Hedonistischen Materialismus« als besonderes Zerrbild seiner selbst: er wird nicht einmal unmittelbar genossen, sondern oft jahrelang, unter großem Risiko für Familie und Privatleben, durch Überarbeitung und hartes Sparen angestrebt. Das Luxusauto, die Reise zu den Seychellen, das Segelboot erweisen sich dann als Enttäuschung. Der Einsatz stand in keinem Verhältnis zum Lustgewinn. Zu spät die Erkenntnis: man hätte anderes anstreben sollen.

Der Sieg des »Dialektischen Materialismus« ließ Staaten entstehen, deren Mängel für jeden ihrer Bewohner konkret und täglich spürbar sind, Mängel an persönlicher Freiheit und wirtschaftlicher Effizienz. Der Sieg der Demokratien und ihres »Hedonistischen Materialismus« hingegen verdeckt seine Mängel unter den bunten Lichterfluten warenüberschütteter Großstädte, hinter Kolonnen spiegelnder Autos, Massentourismus an sonnigen Stränden in aller Welt.

Sicher sind die Gefahren des Hedonismus angenehmer und daher weniger auffällig. Sie lassen den Zusammenhang der immer akuter werdenden Probleme mit deren Ursache nicht unmittelbar evident werden. Es springt nicht ins Auge, daß politischer Irrationalismus, Gewaltausbrüche, daß das erschreckende Anwachsen pathologischer Phänomene, der Mißbrauch von Drogen, Alkohol, Rauschgiften die Folge jener traumartigen Wunscherfüllungen durch die technische Verwandlung der Welt ist. Die in wahnhafte Dimension erweiterte hedonistische Selbstüberflutung menschlicher Denk- und Erlebnisregungen bewirkte die Verschüttung und Verkümmerung wesentlicher Wertvorstellungen der westlichen Demokratien und gleichzeitig die Verschleierung dieses Vorgangs in unserem Bewußtsein.

Die Frage nach Werten und Lebenssinn läßt sich realistisch beantworten, wenn wir jene Erkenntnis nützen, die sich mit der Psyche des Menschen, seinem Verlangen und seinen Notwendigkeiten beschäftigt. Die Psychologie kam seit den letzten Jahrzehnten des vergangenen Jahrhunderts – ich bin schon früher darauf eingegangen – zu wichtigen Ergebnissen. Man ist heute imstande, sie aus der historischen Distanz zu ihren Anfängen und dank der Vertrautheit mit ihren Methoden und Grenzen auch praktisch anzuwenden.

In der neueren Psychologie wurde der Begriff »Sinn« immer wichtiger, und schon vor mehr als zweitausend Jahren philosophierte man eingehend über die Begriffe »Wert«, »Höchstes Gut«, »Glück« und »Ideal«: dabei handelt es sich um teilweise ähnliche Themen, die freilich aus dem Gesichtswinkel anderer Erfahrungen gesehen und anders bezeichnet werden. Sokrates diskutierte darüber mit den Bürgern Athens, und bei Freud, ebenso bei Alfred Adler und den meisten anderen Psychologen, findet man das Wort »Ich-Ideal« und »Persönlichkeitsideal«.

Voltaire sagte einmal: »Alle Menschen lieben ihren Vorteil, nur verstehen sie nicht dasselbe darunter« (»Jennie oder Der Atheist und der Weise«).

Pascal formulierte in seinen »Pensées« mit kaum zu übertreffender Schärfe: »Alle Menschen, ohne Ausnahme, wünschen glücklich zu sein. So verschieden die Mittel sind, welche sie anwenden, alle streben nach diesem Ziel. Was den einen in den Krieg treibt und den anderen zurückhält: es ist derselbe Wunsch, der in beiden verschieden wirkt. Der Wille tut nicht den geringsten Schritt, außer auf dieses Ziel. Es ist das Triebrad in allen Handlungen der Menschen, selbst bei denen, die sich erschießen oder erhängen.« Welche Fehldispositionen gibt es also, wenn man trotz gleichem Ziel zu derart verschiedenen Ergebnissen kommen kann!

Kant versuchte in seiner »Kritik der reinen Vernunft«, das allgemeine Interesse des Menschen in drei konkrete Fragen zu fassen: »1. Was kann ich wissen? 2. Was soll ich tun? 3. Was darf ich hoffen?« Die dritte Frage erscheint ihm besonders wichtig, weil sie die Motivation betrifft. Denn, wie er feststellt: »Alles Hoffen geht auf Glückseligkeit.« Kant erhebt die Forderung: »Tue das, wodurch du würdig wirst, glücklich zu sein«. Er nennt die »Idee einer solchen Intelligenz, in welcher der moralisch vollkommenste

Wille, mit der höchsten Seligkeit verbunden, die Ursache aller Glückseligkeit in der Welt ist... das Ideal des höchsten Guts«.

Wir hätten das »Weltbeste an uns und an andern (zu) befördern« und uns an das Grundgesetz der »reinen praktischen Vernunft« zu halten, das lautet: »Handle so, daß die Maxime deines Willens jederzeit zugleich als Prinzip einer allgemeinen Gesetzgebung gelten könne« (»Kritik der praktischen Vernunft«). Was aber ist das »Weltbeste«, welche Gesetze umfaßt diese allgemeine Gesetzgebung?

Wir haben seit Kant schlechte Erfahrungen gemacht. Das Gute tun aus Pflicht und nicht aus Neigung, sogar gegen alle Neigung, diese Forderung Kants schaltet nämlich auch manche natürlichen Regulative aus und kann im Zusammenhang mit einem illusionären »Weltbesten« zu äußerst inhumanen und katastrophalen Folgen führen. Erbarmungsloses Pflichthandeln, die Parolen »Gemeinnutz geht vor Eigennutz« und »Gut ist, was dem Volke nützt« haben – man denke an Hitler – kaum weniger Schrecken über die Menschen gebracht als unzählige banale Egoismen. Höchste Gefahr also auch in dieser Richtung?

Der Vorsokratiker Demokrit, ebenso Platon und die Stoiker waren bestrebt, das Glück von äußeren Bedingungen möglichst unabhängig zu machen. Für Platon liegt das Glück in der Schau der Ideen. Der Neuplatoniker Plotin geht den Schritt weiter bis in unmittelbare Nähe zur christlichen Lehre: zur Schau des göttlichen Lichts. Origenes ist bereits Christ und spricht von der Schau Gottes als dem höchsten Glück, das unabhängig ist von allen äußeren Ereignissen.

Epiktet ist bemüht, die äußeren Realitäten überhaupt soweit wie möglich zu ignorieren: »Nicht die Dinge selbst beunruhigen die Menschen, sondern die Vorstellungen von den Dingen« (»Handbüchlein der Moral«). Von allem, was nicht in unserer Gewalt steht, haben wir uns innerlich zu lösen – das ist freilich fast unmenschlich viel verlangt. Krankheit, Schicksalsschläge aller Art, der Verlust von Freunden und Verwandten, Armut, Hunger sollen uns unerschüttert lassen; denn sie stehen nicht in unserer Macht, jeden Augenblick müssen wir mit ihnen rechnen.

Gegenüber Seneca und Marc Aurel, die ähnliche Gedanken niederschrieben, hat Epiktet den außerordentlichen Vorzug, daß er aufs härteste erlebte, wovon er sprach. Er war ein phrygischer Sklave, außerdem durch Lähmung körperlich behindert, und wurde erst in späteren Jahren freigelassen. Was er lehrte, war durch sein eigenes Leben gedeckt: »Seht mich an, ich habe kein Haus, keine Heimat, besitze nichts, habe keinen, der mir dient; ich schlafe auf bloßer Erde, habe weder Weib noch Kinder, nicht einmal ein Zelt, sondern nur die Erde und den Himmel und einen alten Mantel. Und was fehlt mir? Ich kenne weder Trauer noch Furcht, ich bin ganz frei« (»Unterredungen«).

Daß die Stoa sowohl durch einen Sklaven als auch von dem eine Zeitlang mächtigsten Mann des römischen Kaiserreiches, Seneca, und einem römischen Kaiser, Marc Aurel, entwickelt oder vertreten wurde, zeigt die Spannweite ihrer Möglichkeiten. Sowohl ganz unten als auch auf den höchsten Höhen des Lebens ergeben sich also in Hinblick auf menschliches Glück sehr ähnliche Gedanken.

Epikur konzentrierte sich auf eine langfristige und subtile Lustplanung, die in strenger Ichbezogenheit auf hohem Niveau den erfolgreichsten Lebensgenuß erbringen sollte. Allerdings erweist sich diese unbedingt antimetaphysische Lebenshaltung als eine Taktik innerhalb genau zu beachtender Einschränkungen. Auf diese Einschränkungen kommt es aber an. Der Skeptiker Pyrrhon, von dessen Lehre wir nur Aufzeichnungen des Arztes Sextus Empiricus kennen, radikalisierte die angestrebte Unabhängigkeit der eigenen Person durch die totale Relativierung aller Erscheinungen der Umwelt: sie sind ihm derart gleichgültig, daß Pyrrhon vorschlägt, unter jeglichen Umständen stets die Mimikry der Normalität, des unauffälligen Zeitgenossen, anzunehmen: »Wir halten uns an die Erscheinungen und leben undogmatisch nach der alltäglichen Lebenserfahrung, da wir gänzlich untätig nicht sein können.« Vom »Tropus der Zurückhaltung« ist die Rede, und es heißt: »Glücklich ist, wer ungestört dahinlebt und... sich in Ruhe und Meeresstille befindet.«

Zwei sehr verschiedene grundsätzliche Auffassungen vom Ideal des persönlichen Glücks lassen sich aus diesen historischen Positionen erkennen: die eine ist kommunikativ, bezieht die Gemeinschaft mit ein, die andere versucht, die Umwelt möglichst auszuschalten. Bei beiden Auffassungen geht es um die Proportion zwischen Einbeziehung der Gemeinschaft einerseits und dem Bemühen, sich von der Umgebung zu lösen, andererseits.

Greift das Gemeinschaftsgefühl zu weit aus, indem jemand das

»Weltbeste« seiner Umgebung, seinem Volk oder der Welt mit Gewalt aufzwingen will, führt dies in die Katastrophe. Wird die Umwelt hingegen extrem ignoriert, sind solch krassem Egoismus die Vereinsamung und ebenfalls das Scheitern bestimmt.

Die Annäherung an ein Ideal des persönlichen Glücks wird von beiden Ansätzen her verfehlt, wenn die grundsätzliche Erkenntnis nicht beachtet wird: der Einzelne ist ein gemeinschaftsbedürftiges Lebewesen, doch er kann sich nur für einen begrenzten Umkreis mitverantwortlich fühlen. Setzt er diesen Umkreis zu weit an, verfällt er der Hybris ebenso, wie wenn er meint, sich der sozialen Umwelt entziehen zu können.

Eine ungemein einfache und praktische Handregel gibt die »Nikomachische Ethik« des Aristoteles, die auf den ersten Blick wie ein philosophisches Ei des Kolumbus wirkt: man extrapoliere die Extreme möglichst deutlich und wähle genau die Mitte. Dort liege die richtige Position. Aristoteles sagt dies mit gelegentlich überraschend zeitnahen Worten: der Mensch empfinde »Lust und Unlust« und: »Die Besonnenheit ist die Mitte in Hinsicht auf Lustempfindungen... denn in geringerem Grade und nicht in derselben Weise bezieht sie sich auf Unlustempfindungen.« Aristoteles argumentiert dabei psychologisch modern und sehr menschlich, wenn er schreibt: »Wer sich in jeden Genuß stürzt und sich nichts versagt, wird haltlos, wer jeden meidet wie die Spießer, wird stumpfsinnig. So wird denn besonnenes Wesen durch das Zuviel und das Zuwenig zerstört, dagegen bewahrt, wenn man der richtigen Mitte folgt.«

Diese Besonnenheit des Einhaltens der Mitte ist die berühmte Sophrosyne. Für Aristoteles steht fest, daß jeder das Glück als Endziel hat, es ist das »Endziel der Menschennatur«. Glück sei niemals statisch, sondern ein »Tätig-Sein im Sinne der Trefflichkeit«. Die »Lust, die dieses Wirken zur Vollendung erhebt, muß in eigentlichem Sinn als die dem Menschen eigentümliche Lust bezeichnet werden. Was sonst noch an Lust denkbar ist... ist Lust zweiten und noch minderen Grades.«

Aristoteles meint, »Glück ist kein Zustand (der Ruhe), denn sonst könnte es auch dem gehören, der ein Leben lang schläft, der das Leben einer Pflanze lebt, oder dem, der sich in größtem Unglück befindet.« Er spricht, auch wieder sehr gegenwartsnah, vom »Irrationalen«, von Begierde, Zorn, Angst, blinder Zuversicht, Neid, Haß, Mißgunst – wir können uns ihnen gegenüber richtig und falsch verhalten, entscheidend ist die Auffassung vom Endziel: nur aus einer Grundhaltung der Besonnenheit, der Sophrosyne, kann es richtig gesehen werden. Durch das richtig aufgefaßte »Endziel« erhält alles Tun »seine scharf umrissene Form«.

Aristoteles bietet realistische und praktische Hilfsmittel, ist sich aber klar darüber, »daß es keine leichte Sache ist, ein wertvoller Mensch zu sein; denn in jedem einzelnen Fall die Mitte zu fassen, ist keine leichte Sache: den Mittelpunkt des Kreises findet nicht unterschiedslos jeder, sondern nur der Wissende.«

Was hat sich an unserer Beziehung zum »Ideal des persönlichen Glücks« seither geändert? Es ist auch heute noch, unbeschadet der verflossenen Zeit, das jedes einzelne Leben bestimmende Endziel. Allerdings sind die Möglichkeiten der Ablenkung von der nachdenklichen Beschäftigung damit durch unsere technische und wirtschaftliche Entfaltung ins Ungeahnte angestiegen. Ein Spaziergang an den Schaufenstern unserer Großstädte vorbei, ein Blick auf die Ziele und die Startzeiten unserer Fluggesellschaften, das Telefon auf unserem Tisch, Fernsehen, Radio, der Flug zum Mond – alles das entstand durch unsere Aktivität auf dem Weg zum Ideal des persönlichen Glücks.

Vielleicht hätte Aristoteles nicht so viel gegen die Perspektiven einer naturwissenschaftlichen Zukunft gehabt wie einst die Kirche, als sie Galilei zu bremsen versuchte. Aber er wäre sicher nicht einverstanden mit der Ablenkungsfunktion, die wir heute den unabsehbar zahlreichen Erfindungen der Zivilisation zugestehen. Der Niveauverlust der ursprünglichen Zielvorstellung – bis zu deren totalem Verschwinden – durch die aufwendige Materialisation führte zu jener Verwirrung, die unsere Gegenwart kennzeichnet.

Die größte Gefahr entstand nicht durch die Extrapolierung, sondern durch die Fusion zweier bisheriger Gegensätze: des extremen Materialismus und des extremen Utopismus. Während die Position des antiken Materialismus zu egozentrischem Hedonismus und damit zum Rückzug aus der Umwelt, zu Desengagement führte, entstand aus dem Materialismus des 18. Jahrhunderts erstaunlicherweise eine geradezu fanatische Bewegung der Menschheitserlösung.

Zwar tarnte sich der »Dialektische Materialismus« als streng logische Wissenschaft von der Entwicklung der Materie, doch orientierte er sich tatsächlich auf ein eschatologisches Ziel hin. Da man stets nur von Materialismus sprach, und so viele materialistische Ideen sich tatsächlich konkretisierten, erwies sich diese Mischung als besonders gefährlich: in der sozialistischen Industriegesellschaft konnten anfangs viele unterschiedliche Glücksvorstellungen, Phantasien, Gefühle erfolgreich angesprochen werden. So kam es zur Etablierung der Marxschen Lehre des »Dialektischen Materialismus« in einem großen Teil der Welt, auch wenn erst gewaltsame historische Ereignisse (die Verwandlung des Zarenreiches zur Sowjetunion und der Zweite Weltkrieg) die Errichtung so vieler Staaten des »Realen Sozialismus« bewirkten.

Die Verschmelzung von Materialismus und politischem, humanitärem Utopismus zu einer materialistischen Eschatologie ist ein aufregend interessanter historischer Vorgang, der bereits vor der Französischen Revolution begonnen hat und noch lange nicht zu Ende ist: die Tatsache des fest etablierten kommunistischen Machtbereichs ist weiterhin eine der politischen Komponenten der Zukunft.

Die Stromrichtung zur Materialität zählt zu den entscheidenden Entwicklungen der Geschichte. Die gedanklichen Energien kamen von verschiedensten Seiten. Sie sind mit vielen Persönlichkeiten der politischen Theorie und Praxis verbunden: unter anderen mit Saint-Simon, Morelly, Mably, Babeuf, Condorcet – im Hintergrund ein einseitig ausgelegter Rousseau –, ebenso mit Feuerbach, Stirner und vor allem Karl Marx.

Die materialistisch bestimmte Entwicklung zeigte sich aber nicht nur im sozialistischen und kommunistischen Bereich, auch das liberale und konservative Bürgertum fixierte sich zunehmend auf materielle Glücksziele. Diese enorme Gefahr der gesamten Entwicklung lag darin, daß sowohl hinter dem praktizierten Materialismus des Bürgertums, einem »Kapitalistischen Materialismus«, als auch hinter dem marxistischen »Dialektischen Materialismus« – verdeckt durch eine betont rationale Fassade – ein Irrationslismus als emotionale, völlig realitätsferne, oft erschreckend primitive Heilserwartung mit ungeheurer Kraft emporwuchs. Dadurch entstand jene Explosionsgefahr, der wir in diesem Jahrhundert ausgesetzt sind.

Das Ideal des persönlichen Glücks ist heute für uns also irritierend schwer überschaubar geworden: einerseits wird es mit enormem Aufwand materialistisch ausgelegt, wobei eine scheinbar paradiesische Fülle unerschöpflicher Vergnügungen vor uns ausgebreitet liegt und durch immer neue Erfindungen ergänzt wird. Bei einer erschreckend großen Anzahl von Menschen wurde jegliche Neigung zu Transzendenz und Religiosität zerstört. Andererseits erhebt dieses Glück den pathetischen Anspruch auf Weltverantwortung, Weltverbesserung, Weltrevolution. Die Flucht vor jeder bewußten Wertorientierung schien die Folge zu sein, jener Wertverlust, jenes katastrophische Gefühl, das abwechselnd zu Resignation und Aggression, zu Selbstaufgabe, Selbstzerstörung und Zerstörung führte – sie lösten jenen Vorgang aus, den Nietzsche als Nihilismus bezeichnet hatte.

Wie verhielt sich dazu die Psychologie? Noch Sigmund Freud argumentierte für das »Lustprinzip«, indem er schrieb: »Es ist, wie man merkt, einfach das Programm des Lustprinzips, das den Lebenszweck setzt« (»Das Unbehagen in der Kultur«). Allerdings machte er klar: »Die zu lösende Aufgabe ist, die Triebziele solcherart zu verlegen, daß sie von der Versagung der Außenwelt nicht getroffen werden können. Die Sublimierung der Triebe leiht dazu ihre Hilfe.«

Freud baute ganz utilitaristisch von unten auf und kam zu dem Ergebnis: »Am meisten erreicht man, wenn man den Lustgewinn aus den Quellen psychischer und intellektueller Arbeit genügend zu erhöhen versteht.« In Freuds nüchternem psychologischem Vokabular heißt das: »Das Glück in jenem gemäßigten Sinn, in dem es als möglich erkannt wird, ist ein Problem der individuellen Libidoökonomie.«

Freud war – wir hörten das in einem früheren Kapitel – sehr vorsichtig gegenüber Wertfragen, die bei ihm mit dem »Über-Ich« zusammenhingen. Er versuchte, die psychische Situation des Einzelnen vom belastenden Anspruch des Über-Ichs teilweise zu befreien. Er war skeptisch gegenüber einer Kultur, die dem Menschen »Unbehagen« verursacht, doch er schloß gerade diese Analyse des »Unbehagens in der Kultur« mit den Worten: »Die Schicksalsfrage der Menschenart scheint mir zu sein, ob und in welchem Maße es ihrer Kulturentwicklung gelingen wird, der Störung des Zusammenlebens durch den menschlichen Aggressions- und Selbstvernichtungstrieb Herr zu werden.«

Gerade hier – und nun möchte ich meine frühere Darstellung

erweitern – setzte Alfred Adler fort, indem er sich mit der Frage des Lebenssinns beschäftigte und dabei von einer originellen Prämisse ausging: er nimmt vor allem den orientierungslosen jüngeren Menschen den Schrecken vor der eigenen Hilflosigkeit, wenn er erklärt, daß schlechthin jeder mit einem »Minderwertigkeitsgefühl« heranwachse: das Kind ist erfahrungslos und körperlich schwach, bedarf der Umwelt und kann sich daher ihr gegenüber ganz natürlicherweise nur als minderwertig erleben. Kommen nun Probleme innerhalb dieser Umwelt dazu, die sich negativ auf das Kind übertragen – was mit Sicherheit in irgendeiner Form geschieht –, so bleibt dieses Minderwertigkeitsgefühl erhalten oder steigert sich sogar.

Adler ermutigt erst einmal den von seiner Schwäche, seiner Verlorenheit, seiner Depression Betroffenen dadurch, daß er diesen Zustand – soweit er sich nicht ins Übermäßige steigert, als ganz normalen biologischen Ausgangspunkt erklärt: »Mensch sein heißt: sich minderwertig fühlen« (»Der Sinn des Lebens«). Durch Verwöhnung, Verzärtelung, ebenso durch »Vernachlässigung und mangelnde Zuwendung«, am schlimmsten durch beides zugleich, können beim Kind und beim Heranwachsenden jene Verfestigungen entstehen, die vom Minderwertigkeitsgefühl zum Minderwertigkeitskomplex und damit in die Neurose führen. Die einzige Möglichkeit, dem entgegenzuwirken, ist, meint Adler, das Gefühl des »Wertes für die Allgemeinheit« zu wecken.

Alfred Adler ist es, der zum ersten Mal den starken Akzent auf den Begriff »Sinn« legt: es komme darauf an, »welchen Sinn (der Einzelne) im Leben findet und welchen Sinn er seinem eigenen Leben gibt«. Dabei ist es nun das Gemeinschaftsgefühl, das hilft, denn: »Bei einiger Erfahrung und bei ruhiger, freundlicher Überlegung dürfte es jedem klarwerden, daß wir tatsächlich unausgesetzt durch die Fragen des Lebens auf den Grad unseres Gemeinschaftsgefühls geprüft, anerkannt oder verworfen werden.«

Dieser Mangel an Gemeinschaftsgefühl, das man auch »Mitmenschlichkeit, Kooperation, Humanität oder gar Ich-Ideal« nennen kann, sei die Ursache einer »ungenügenden Vorbereitung für alle Lebensprobleme«. Es komme zu einer »Ausbiegung« vor den eigentlichen Lebensproblemen, zu einer »zögernden Attitüde«, die in die Krankheit münde. Adler glaubt an die Änderungsfähigkeit des Einzelnen, auch wenn es nicht leicht sei, zu Bewußtsein und aktiver Konsequenz zu finden: »Die Heilung und

Umwandlung... kann nur auf dem Wege des Geistes, durch die wachsende Überzeugung von den Fehlern im Aufbau des Lebensstiles gelingen.«

Der »Sinn des Lebens« liege – erklärt Adler – in der aktiven Integration in die Gemeinschaft, in unzähligen kleinen und größeren Handlungen des Einzelnen für den Nächsten und seinen Umkreis, wodurch es allein gelinge, das »oberste Gesetz« zu befolgen: »Das Wertgefühl des Ich nicht sinken lassen«. In der tätigen Beziehung des Individuums zur Gemeinschaft finde sich das »richtige Ideal, das richtunggebende Ziel«.

Seit Alfred Adler ist das Thema »Sinn«, sind Sinnfrage und Sinnsuche, vor allem durch das Wirken Viktor Frankls – wie schon früher dargelegt wurde – immer stärker in den Vordergrund gerückt worden. Odo Marquard stellt sogar fest, »unsere primäre Schwierigkeit ist... das Übermaß des Sinnanspruchs« (»Zur Diätetik der Sinnerwartung«). Folgt man dem früher ausgesprochenen Gedanken, daß wir in einem »Zeitalter des Nihilismus« leben, wäre das eigentlich kein schlechtes Zeichen. Marquard ergänzt, das Sinnproblem sei nur ein Deckname für das alte Glücksproblem, das man nach dem großen Erfolg der kantischen Pflichtethik und des kategorischen Imperativs nicht mehr unter seinem eigentlichen Namen auftreten zu lassen wage. Dem wäre anzufügen, daß sowohl Marx, Lenin, Stalin als auch Hitler viel dazu beigetragen haben, das persönliche, private Glück als verabscheuungswürdige Schimpflichkeit zu verleumden. Hegel hatte mit seinem Staat als »absolutem Endzweck«, der »um seiner selbst willen ist« (»Grundlinien der Philosophie des Rechts«) solche politische Positionen auf philosophischem Gebiet vorbereitet.

Wenn nun nach solchen Desavouierungen des »persönlichen Glücks« dieser Begriff aus der Literatur und den Diskussionen verschwand und, wie Marquard aufzeigt, als »Sinn« wieder auftaucht, läßt gerade dies manches erhoffen: der Begriff des privaten Glücks erhält dadurch sogleich eine ethisch orientierte Interpretation. Beim Glücksstreben handelt es sich also um die Suche nach Sinn – zwar bleibt offen, um welchen –, aber immerhin um mehr als Hedonismus, mehr als vergänglichen Lustgewinn, um ein Ziel, das über das Materielle hinausgeht. Gerade die neuerlich so oft gestellte Frage nach dem »Sinn-Glück« ist ein Anzeichen der Besinnung.

Eine große Gefahr sieht Marquard heute nach wie vor: »Diese Sehnsucht nach dem total gemütsbewegenden, dem spruchband- und theaterdonnerfähigen Supersinn... die trunkene Sehnsucht nach dem sensationellen Sinn.« Die politischen Heilslehren, die Utopien vom Paradies auf Erden haben aber wohl ihre Glanzperiode hinter sich: zwar kennzeichnet ihre schaurige Realität unsere Epoche, doch waren und sind ihre abschreckenden Mängel zu deutlich erlebbar und sichtbar.

Die immer stärker auftretenden Materialismen, ob als »Dialektischer Materialismus« oder als »Hedonistischer Materialismus«, auch als »Kapitalistischer Materialismus«, bewirkten jenen Wertzerfall, jene Wertzerstörung, die ihrerseits die Voraussetzung für den »Realen Sozialismus« und für verschiedene explosive politische Wahnsinnstaten waren.

Merkwürdig war die Beobachtung, daß sich die bewußt zerstörten, im Chaos pulverisierten Werte unvermutet als Sprengstoff von ungeheurer Wucht und Entzündbarkeit erwiesen: in der effektvollen Beleuchtung und Regie der Nürnberger Parteitage, der Lichtdome, der Massentheater des Proletkults, aber auch mancher heutiger Großdemonstrationen oder revolutionärer Aufmärsche zeigten die pervertierten Reste existentieller Werte eine erschreckend starke Attraktion.

Was ist also heute über die realistischen Möglichkeiten eines »Ideals des persönlichen Glücks« zu sagen? Zuerst wird man feststellen müssen, daß es sich heute wie auch früher stets um eine Kombination von Idealen handelt. Die einzelnen Ideale, aus denen ein solches »Akkord-Ideal« besteht, können verschieden stark betont sein. Sie können in dem jedem zur Verfügung stehenden, ungewiß großen, aber begrenzten »Glücksvolumen« verschieden große Anteile einnehmen.

Wie groß die Anteile der verschiedenen Ideale sind, hängt vom Einzelnen ab. Es kommt darauf an, auf welchem Ideal oder welchen Idealen der Akzent liegt, welches Ideal gegenüber anderen bevorzugt wird.

Das Ideal des persönlichen Glücks besteht aus einer Schichtung verschiedener Ideale, die durch den Druck von Widersprüchen innerhalb der Raumnot des einzelnen Lebens zustande kommt. Ausschlaggebend für die Akzentuierung und damit die Proportion dieser Ideale sind Lebensziel und Lebensplan des Einzelnen. Ein solches Lebensziel und einen solchen Lebensplan hat jeder, auch wenn er sich dessen nicht bewußt ist – allerdings werden sie dann vage und unscharf sein und, was noch schlimmer ist, oft wechseln.

Viele Ideale können in das »Ideal des persönlichen Glücks« eingehen, unter ihnen: Liebe, Freundschaft, Freiheit, Gerechtigkeit, Zuverlässigkeit, Erkenntnis, Wahrheitsliebe, Nächstenhilfe, Verstehen, Familie, allgemeiner sozialer Wohlstand, allgemeine kulturelle Entwicklung, Kunst, Weltfrieden, Selbstlosigkeit, religiöses Leben, Gott. Jeder Einzelne muß seinen Standort selbst wählen und wird damit dem einen oder anderen Ideal Priorität geben.

Zu dem wichtigen Faktor der eigenen freien Wahl kommen gegebene Tatsachen, mit denen der Wählende zu rechnen hat, und die richtig zu erfassen außerordentlich schwerfällt: eine von ihnen ist die Voraussetzung der individuellen Begabung. Es kann zum Beispiel jemand für den Umgang mit Kunst oder für ein Leben in der Familie sehr wenig begabt sein, wenn auch jeder seine möglicherweise geringe Begabung durch bewußtes Bemühen zu steigern imstande ist.

Eine weitere Tatsache ist die äußere Schicksalhaftigkeit, in die der Einzelne gestellt wird. Geburt, Erziehung, Milieu, Krankheiten, Kriege, Perioden der Wirtschaftsblüte oder der Rezession sind wesentliche Komponenten jedes Daseins. Es wäre realitätsfremd zu meinen, daß solche Fakten keinen Einfluß auf die Wahl der Ideale hätten.

Der eigene Wille wird also auf dem einen oder anderen Weg, je nach Veranlagung, auf größeren oder kleineren Widerstand treffen – jeder Einzelne wird auf unterschiedliche Weise damit zu rechnen haben. Es liegt an ihm, was er sich zumutet, und wie seine Willenskraft und seine Intelligenz mit seiner begrenzten Begabung und anderen Schicksalsfakten zurechtkommen. Danach wird sich die für ihn persönlich gewählte Rangordnung der Ideale, also das Ideal des persönlichen Glücks, zu richten haben.

Schon daraus geht hervor, daß das Lebensalter bei der Wahl der Ideale eine Rolle spielt. Das Ideal des persönlichen Glücks wird für einen Menschen mit zwanzig anders aussehen als mit vierzig oder sechzig. Eine unpassende Vertauschung der dem jeweiligen Lebensalter entsprechenden Ideale kann zu schweren Problemen führen.

Vor allem zwei Erkenntnisse sind für jede Beschäftigung mit Idealen, also auch für jene mit dem »Ideal des persönlichen Glücks«, hilfreich:

– Kein Ideal kann im Leben jemals vollkommen verwirklicht werden. Es gehört – darauf wurde schon hingewiesen – zum Wesen der Ideale, daß sie nur annäherungsweise zu erleben sind.
– Das persönliche Glück ist ein »Umwegprodukt«. Niemals kann man in das Glück unmittelbar »investieren«.

Die optimale »Investition« für »persönliches Glück« wird sich auf eine helfende Tätigkeit für andere, für Familie, Freunde, für Unbekannte, für ein Ziel, das über das eigene Ego hinausreicht, beziehen. Es zählt zur Paradoxie unseres Lebens, daß nur der die Chance hat, dem Ziel seines eigenen persönlichen Glücks näherzukommen, der die Annäherung gerade an dieses Ziel offenläßt: sie vollzieht sich durch ein Wachstum, das nicht in der Hand des Einzelnen liegt.

Die Beobachtung dieser »Umwegrentabilität« der Lebensinvestitionen wird dort am deutlichsten, wo im Rückblick die Fehlentscheidungen evident geworden sind. Niemand ist seines Glückes Schmied, niemand schmiedet unmittelbar »Glück«, sondern vielleicht Eisen für Pflugscharen, für Beschläge, Hufeisen oder andere praktische, hilfreiche Zwecke.

Es gilt also, andere Ideale – ich habe einige von ihnen genannt – anzustreben, wenn man sich dem »Ideal des persönlichen Glücks« nähern will. Die wohlproportionierte, ausgewogene Kombination der verschiedenen Ideale, die man mit so gutem Teilerfolg wie möglich zu verwirklichen bemüht ist, erbringt als Nebenprodukt das Näherrücken jenes Ziels, das jeder Einzelne, wenn auch in verschiedener Höhe, vor sich hat: glücklich zu werden.

Die bisherigen Überlegungen treffen wohl für jede Zeitperiode zu, und es bleibt die Frage, was über das »Ideal des persönlichen Glücks« aus der besonderen Konstellation der Gegenwart gesagt werden kann. Kaum in einem anderen Abschnitt der Geschichte gab es ein ähnliches Chaos an Resten zerschlagener Wertordnungen wie heute. Fragmente, Splitter und Staub zertrümmerter Elemente von einst liegen herum inmitten einer Welt, die wechselnde Bewegung ist.

In diesem Kaleidoskop sich stets weiter vermehrender, einander ablösender technischer Erfindungen, von denen frühere Jahrhunderte sich nicht einmal träumen ließen, sollen wir höhere als materielle Ziele erkennen?

Die vor mehr als zwei Jahrhunderten begonnene Auflösung fester Wertstrukturen hat im ersten Drittel des 20. Jahrhunderts ihr Ziel fast erreicht. Die neuen wissenschaftlichen und technischen Möglichkeiten trugen durch die Erweiterung der Informationsmittel, die oft bewußt als Hebel einer solchen Auflösung verwendet wurden, zu diesem Vorgang bei: Gesetze, Ethik, Werte, Ideale, Lebensordnungen, Staatssysteme wurden durch die Ergebnisse der historischen und ethnologischen Forschung bis zur Unverbindlichkeit relativiert. In dem Kapitel »Wertwandel, Werte und Ideale« bin ich darauf näher eingegangen.

Hinzu kommt die Flut an Informationen über gegenwärtige Phänomene an den verschiedensten Stellen unseres Erdballs, die erschreckende Kontraste zeigen. Wir leben, oft ohne daß wir es merken, in einem Taifun, der uns Bruchstücke der Geschichte und erdumspannende Gegenwartsnachrichten um den Kopf schlägt. Gerade dieses nur schwer überblickbare Informationschaos fordert dazu heraus, jenen Idealen nachzustreben, die überdauern.

Die Rückseite des Paradieses: Pervertierte Ideale der Politik

Wer Ideale ernst nimmt, muß sich mit den Ursachen ihrer möglichen Perversion beschäftigen. Die Entwicklung des Kommunismus und des Nationalsozialismus, überhaupt die Geschichte der letzten zweihundertfünfzig Jahre ist dazu geeignet, einen anschaulichen Unterricht über dieses Thema zu geben. Gerade wenn man zur menschenwürdigen Gestaltung des Lebens Ideale für unerläßlich hält, muß man untersuchen, wo deren Verfälschung und Mißbrauch beginnen.

Grundsätzlich wird man sagen können, daß die negativen Auswirkungen an jenem Punkt einsetzen, wo Menschenrechte verletzt werden und der Einsatz von Gewalt beginnt. Wenn unter Berufung auf Ideale die Freiheit oder gar das Leben anderer bedroht werden, wenn mit diktatorischen Maßnahmen vorgegangen wird, mit Waffengewalt, mit politischen Einschränkungen oder Verhaftung von Menschen, die sich keine kriminellen Taten zuschulden kommen ließen, werden Ideale mißbraucht.

Methoden dieser Art entsprechen einer Negation der Ideale. Wenn die angewandten Gewaltmittel durch den Zweck geheiligt werden sollen, ist die mögliche Annäherung an Ideale nicht nur bereits verloren, sondern die Auffassung von Idealen, die ein solches Vorgehen als legitim ausgibt, hat sich als falsch erwiesen. Ideal und Gewalt schließen einander aus.

Unter den vielen Gedanken Pascals, die es lohnt, immer gegenwärtig zu haben, ist in diesem Zusammenhang einer von besonderer Wichtigkeit: »Der Mensch ist weder Engel noch Tier«, heißt es in den »Pensées« (X, 13), »und das Unglück will, daß, wer ihn zum Engel machen will, ihn zum Tier macht.«

Karl Popper hat in seinem Werk »Die offene Gesellschaft und ihre Feinde«, das unter dem Eindruck der furchtbaren Folgen des Nationalsozialismus und in genauer Kenntnis der Realität des Kommunismus zwischen 1938 und 1950 geschrieben wurde, die Wirkung romantischer und pseudoreligiöser Heilslehren ausführlich untersucht: sein Buch bringt, von Platons »Staat« und Karl

Marx ausgehend, eine scharfsichtige und konkrete Bestätigung des Pascalschen Satzes, wobei Popper folgende Formulierung findet: »Der Ästhetizismus und der Radikalismus müssen uns dazu führen, die Vernunft über Bord zu werfen und durch eine verzweifelte Hoffnung auf politische Wunder zu ersetzen. Diese irrationale Einstellung, die sich an Träumen von einer schönen Welt berauscht, nenne ich Romantizismus... Sogar mit der besten Absicht, den Himmel auf Erden einzurichten, vermag er diese Welt nur in eine Hölle zu verwandeln – eine jener Höllen, die Menschen für ihre Mitmenschen bereiten.«

Den Idealen der *Französischen Revolution* wird man auch heute Zustimmung entgegenbringen. Die Nationalversammlung erklärte am 3. September 1791:

»1. Die Menschen werden frei und gleich an Rechten geboren und bleiben es. Die gesellschaftlichen Unterschiede können nur auf den gemeinsamen Nutzen gegründet sein.

2. Der Endzweck aller politischen Vereinigung ist die Erhaltung der natürlichen und unabdingbaren Menschenrechte. Diese Rechte sind die Freiheit, das Eigentum, die Sicherheit, der Widerstand gegen Unterdrückung.

3. Der Ursprung aller Souveränität liegt seinem Wesen nach beim Volk. Keine Körperschaft, kein Einzelner kann eine Autorität ausüben, die nicht ausdrücklich hiervon ausgeht.

4. Die Freiheit besteht darin, alles tun zu können, was einem andern nicht schadet. Also hat die Ausübung der natürlichen Rechte jedes Menschen keine Grenzen als jene, die den übrigen Gliedern der Gesellschaft den Genuß dieser nämlichen Rechte sichern. Diese Grenzen können nur durch das Gesetz bestimmt werden.

5. Das Gesetz hat nur das Recht, solche Handlungen zu verbieten, die der Gesellschaft schädlich sind. Alles, was durch das Gesetz nicht verboten ist, kann nicht verhindert werden, und niemand kann genötigt werden, zu tun, was das Gesetz nicht verordnet.

6. Das Gesetz ist der Ausdruck des allgemeinen Willens. Alle Staatsbürger sind befugt, zur Feststellung desselben persönlich oder durch ihre Repräsentanten mitzuwirken. Es soll für alle

das gleiche sein, es mag beschützen oder bestrafen. Da alle Bürger vor seinen Augen gleich sind, so können sie gleichmäßig zu allen Würden, Stellen und öffentlichen Ämtern zugelassen werden auf Grund ihrer Fähigkeit und ohne anderen Unterschied als den ihrer Tugenden und ihrer Talente.

7. Kein Mensch kann angeklagt, in Haft genommen oder gefangengehalten werden, als in den durch das Gesetz bestimmten Fällen und in den Formen, welche es vorgeschrieben hat. Diejenigen, welche willkürliche Befehle erlassen, ausfertigen, vollziehen oder vollziehen lassen, sollen bestraft werden; jeder Bürger hingegen, vorgeladen oder festgenommen kraft des Gesetzes, soll sogleich gehorchen; er macht sich durch Widerstand strafbar.

8. Das Gesetz soll nur solche Strafen festsetzen, welche unbedingt und offenbar notwendig sind, und niemand kann bestraft werden als kraft eines vor Begehung des Verbrechens eingesetzten, verkündeten und rechtlich angewandten Gesetzes.

9. Da jeder Mensch so lange für unschuldig erachtet wird, bis er für schuldig erklärt ist, so soll, wenn seine Verhaftung für unumgänglich gehalten wird, alle Härte, die nicht notwendig wäre, um sich seiner Person zu versichern, durch das Gesetz streng unterbunden werden.

10. Niemand soll wegen seiner Ansichten, auch nicht wegen der religiösen, beunruhigt werden, sofern ihre Äußerung die durch das Gesetz errichtete öffentliche Ordnung nicht stört ...«

Wichtige Rechte des Menschen wurden hier zum ersten Mal formuliert, ein großes und ideales Programm war damit vorgestellt.

Was folgte, ist bekannt: Terror, Verhaftungen, ein diktatorisches Polizeiregime, in dem keiner mehr sicher war, Massenhinrichtungen mit der Guillotine. Im politischen Chaos brach die Wirtschaft zusammen, Hunger und Kriminalität steigerten die Katastrophe. Auch das Regime Napoleons und der neue Feudalismus entsprachen kaum den einstigen idealistischen Gedanken. Allerdings: nicht die Ideale waren daran schuld, sondern jene, die für den falschen Weg, die falschen Methoden und das falsche Tempo bei der Annäherung an die idealistischen Ziele verantwortlich wurden.

Der stürmische Aufbruch in eine neue Zeit erschien als ein außerordentliches, mit bisherigen historischen Maßstäben nicht zu messendes Geschehen, und diese Außerordentlichkeit hob vorübergehend die Bedeutung aller derer, die dabei mitwirkten oder sich zumindest dafür begeisterten. Alle jene, die Gewalt ausübten, handelten überstürzt. Beim Hobeln fliegen Späne, der Zweck heiligt die Mittel – das waren überhebliche und vor allem irreführende Rechtfertigungsversuche.

Daß die Schreckenstaten, die Blutorgien auf dem Schafott und andere Gewaltexzesse Robespierres die großen idealen Vorhaben des Konvents scheitern ließen, spricht gerade nicht gegen die Gerechtigkeit der Weltgeschichte. Die Ideale selbst überlebten, es waren die Mittel, mit denen sie durchgesetzt werden sollten, die den Rückschlag brachten.

Aufschlußreich war die Groteske, die sich um das personifizierte Idol der Vernunft abspielte: an Stelle der Messe fand in der Kathedrale Notre-Dame eine Kulthandlung zu Ehren der Vernunft statt, bei der diese von einer bekannten Pariser Dirne verkörpert wurde. Mit einer solchen Theaterszene sollte ernsthaft anschaulich gemacht werden, welch große Bedeutung der Vernunft in der Revolution zukomme. Daß eine Auffassung dieser Art an den auftretenden ungeheuren Schwierigkeiten scheitern mußte, kann alle jene nicht verwundern, die eine andere Vorstellung von Vernunft haben.

Die komplexe Problematik der Französischen Revolution soll nicht übersehen werden, hier kam es jedoch nur darauf an, aus ihrer dramatischen Entwicklung einige wichtige Kennzeichen hervorzuheben.

Jean-Jacques Rousseau, Voltaire, Diderot, viele bedeutende Philosophen arbeiteten an diesen Gedanken. Die Ideale, um die es damals ging, waren jenen der »Bill of Rights of Virginia« von 1776 verwandt, die wiederum ohne die »Bill of Rights of England« 1689 und ohne den Einfluß von David Hume und John Locke, ohne die französische Aufklärung und die Enzyklopädisten nicht zustande gekommen wären. Von der möglichen Annäherung an diese Ideale ist man auch heute noch weit genug entfernt, zumal sich schon früh Spannungen und Konflikte zwischen den einzelnen Idealen – wie etwa Freiheit und Gleichheit – herausgestellt hatten.

Wenn wir unsere heutigen politischen Verhältnisse im demokratischen Europa mit jenen des 18. und 19. Jahrhunderts vergleichen, sind wir allerdings, das ist kaum zu übersehen, diesen Idealen doch ein wenig nähergerückt. Die rechtliche und soziale Situation, die Meinungsfreiheit in den westlichen Demokratien hat gegenüber den damaligen Verhältnissen unbestreitbare Vorzüge. Die Gewaltausbrüche und Masseneruptionen, die Hunderttausende Toten aber – man lese bei Tocqueville nach – waren es nicht, die ihrer Verwirklichung nützten.

Die Stellung des *Marxismus* zum Ideal ist eine sehr sonderbare: Karl Marx selbst lehnte diesen Begriff vehement ab. Er erklärt in »Die deutsche Ideologie« sehr klar: »Der Kommunismus ist für uns nicht ein *Zustand*, der hergestellt werden soll, ein *Ideal*, wonach die Wirklichkeit sich zu richten haben wird. Wir nennen Kommunismus die *wirkliche* Bewegung, welche den jetzigen Zustand aufhebt.« In »Der Bürgerkrieg in Frankreich« heißt es: »Die Arbeiterklasse verlangt keine Wunder von der Kommune. Sie hat keine fix und fertigen Utopien durch Volksbeschluß einzuführen... Sie hat keine Ideale zu verwirklichen; sie hat nur die Elemente der neuen Gesellschaft in Freiheit zu setzen...«

Marx ist gegen jeden Idealismus, denn jeglicher Überbau, dem ja die Ideale zugehören, kann für ihn nur aus der Basis entstehen. Ideale können – seiner Theorie nach – die realen Verhältnisse nicht verändern. Trotzdem wurde gerade der Marxismus eines der größten und bedeutendsten Ideale vieler Generationen.

Man kann zahllose Stellen aus den Schriften von Marx für die Heranbildung sehr wirkungsvoller Ideale verantwortlich machen. Etwa wenn im »Kommunistischen Manifest« zu lesen steht:

> »Für die fortgeschrittensten Länder werden jedoch die folgenden (Punkte) ziemlich allgemein in Anwendung kommen können:
>
> 1. Expropriation des Grundeigentums und Verwendung der Grundrente zu Staatsausgaben.
>
> 2. Starke Progressivsteuer.
>
> 3. Abschaffung des Erbrechts.
>
> 4. Konfiskation des Eigentums aller Emigranten und Rebellen.

5. Zentralisation des Kredits in den Händen des Staats durch eine Nationalbank mit Staatskapital und ausschließlichem Monopol.

6. Zentralisation allen Transportwesens in den Händen des Staats.

7. Vermehrung der Nationalfabriken, Produktionsinstrumente, Urbarmachung und Verbesserung der Ländereien nach einem gemeinschaftlichen Plan.

8. Gleicher Arbeitszwang für alle, Errichtung industrieller Armeen, besonders für den Ackerbau.

9. Vereinigung des Betriebes von Ackerbau und Industrie, Hinwirken auf die allmähliche Beseitigung des Gegensatzes von Stadt und Land.

10. Öffentliche und unentgeltliche Erziehung aller Kinder. Beseitigung der Fabrikarbeit der Kinder in ihrer heutigen Form. Vereinigung der Erziehung mit der materiellen Produktion usw. usw.

Sind im Laufe der Entwicklung die Klassenunterschiede verschwunden und ist alle Produktion in den Händen der assoziierten Individuen konzentriert, so verliert die öffentliche Gewalt den politischen Charakter. Die politische Gewalt im eigentlichen Sinn ist die organisierte Gewalt einer Klasse zur Unterdrückung einer andern. Wenn das Proletariat im Kampfe gegen die Bourgeoisie sich notwendig zur Klasse vereint, durch eine Revolution sich zur herrschenden Klasse macht und als herrschende Klasse gewaltsam die alten Produktionsverhältnisse aufhebt, so hebt es mit diesen Produktionsverhältnissen die Existenzbedingungen des Klassengegensatzes, der Klassen überhaupt, und damit seine eigene Herrschaft als Klasse auf.

An die Stelle der alten bürgerlichen Gesellschaft mit ihren Klassen und Klassengegensätzen tritt eine Assoziation, worin die freie Entwicklung eines jeden die Bedingung für die freie Entwicklung aller ist.«

Der berühmte Schluß des »Kommunistischen Manifests« ist zwar nicht idealistisch, aber noch weitaus emotionaler und inkonkreter, als man dies meist Idealen vorwirft: »Mit einem Wort, die

Kommunisten unterstützen überall jede revolutionäre Bewegung gegen die bestehenden gesellschaftlichen und politischen Zustände. In allen diesen Bewegungen heben sie die Eigentumsfrage, welche mehr oder minder entwickelte Form sie auch angenommen haben möge, als die Grundfrage der Bewegung hervor. Die Kommunisten arbeiten endlich überall an der Verbindung und Verständigung der demokratischen Parteien aller Länder. Die Kommunisten verschmähen es, ihre Ansichten und Absichten zu verheimlichen. Sie erklären es offen, daß ihre Zwecke nur erreicht werden können durch den gewaltsamen Umsturz aller bisherigen Gesellschaftsordnung. Mögen die herrschenden Klassen vor einer kommunistischen Revolution zittern. Die Proletarier haben nichts in ihr zu verlieren als ihre Ketten. Sie haben eine Welt zu gewinnen. Proletarier aller Länder, vereinigt euch!«

Immerhin klingt es doch recht idealistisch, wenn in Marx' Schrift »Über Proudhon« zu lesen ist: »Die Bedingung der Befreiung der arbeitenden Klasse ist die Abschaffung jeder Klasse, wie die Bedingung der Befreiung des dritten Standes, der bürgerlichen Ordnung, die Abschaffung aller Stände war. Die arbeitende Klasse wird im Laufe der Entwicklung an die Stelle der alten bürgerlichen Gesellschaft eine Assoziation setzen, welche die Klassen und ihren Gegensatz ausschließt, und es wird keine eigentliche politische Gewalt mehr geben, weil gerade die politische Gewalt der offizielle Ausdruck des Klassengegensatzes innerhalb der bürgerlichen Gesellschaft ist.« Und deutlicher noch in der »Kritik des Gothaer Programms«, wo es heißt: »In einer höhern Phase der kommunistischen Gesellschaft, nachdem die knechtende Unterordnung der Individuen unter die Teilung der Arbeit, damit auch der Gegensatz geistiger und körperlicher Arbeit verschwunden ist; nachdem die Arbeit nicht nur Mittel zum Leben, sondern selbst das erste Lebensbedürfnis geworden; nachdem mit der allseitigen Entwicklung der Individuen auch die Produktionskräfte gewachsen sind und alle Springquellen des genossenschaftlichen Reichtums voller fließen – erst dann kann der enge bürgerliche Rechtshorizont ganz überschritten werden und die Gesellschaft auf ihre Fahnen schreiben: Jeder nach seinen Fähigkeiten, jedem nach seinen Bedürfnissen.«

Man kann sich einem Ideal, sogar einer Utopie verbal kaum phantasievoller nähern als mit den berühmten Sätzen der »Deutschen Ideologie«: »Sowie nämlich die Arbeit verteilt zu werden anfängt, hat jeder einen bestimmten ausschließlichen Kreis der Tätigkeit, der ihm aufgedrängt wird, aus dem er nicht heraus kann; er ist Jäger, Fischer oder Hirt oder kritischer Kritiker und muß es bleiben, wenn er nicht die Mittel zum Leben verlieren will – während in der kommunistischen Gesellschaft, wo jeder nicht einen ausschließlichen Kreis der Tätigkeit hat, sondern sich in jedem beliebigen Zweige ausbilden kann, die Gesellschaft die allgemeine Produktion regelt und mir eben dadurch möglich macht, heute dies, morgen jenes zu tun, morgens zu jagen, nachmittags zu fischen, abends Viehzucht zu treiben, nach dem Essen zu kritisieren, wie ich gerade Lust habe, ohne je Jäger, Fischer, Hirt oder Kritiker zu werden.«

Allerdings erwiesen sich diese idealen Wunschbilder gerade dadurch als gefährlich, daß sie von Marx als absolut erreichbare Realität, ja sogar als eine im Verlauf der Geschichte zwingend eintretende Zukunftsentwicklung hingestellt wurden. Trotzdem – so Marx – erforderten sie Gewaltanwendung, die ebenfalls in der Notwendigkeit der Geschichte begründet sei. Durch Gewalt gelinge die Freilegung der historischen Gesetzmäßigkeit.

Mit diesem Aufruf zur Gewalt geschah der größte Sündenfall gegenüber dem Ideal. Da heißt es in dem Artikel »Die Bourgeoisie und die Konterrevolution« vom 10. Dezember 1848: »Wir haben es nie verheimlicht. Unser Boden ist nicht der *Rechtsboden*, es ist der *revolutionäre Boden*.« In »Die Konterrevolution zu Wien«, am 7. November 1848, liest man: »... wird die Völker überzeugen, daß es nur ein Mittel gibt, die mörderischen Todeswehen der alten Gesellschaft, die blutigen Geburtswehen der neuen Gesellschaft *abzukürzen*, zu vereinfachen, zu konzentrieren, nur *ein Mittel* – den *revolutionären Terrorismus*.«

Wenn heute von Marxismus die Rede ist, macht man sich oft nicht mehr klar, wie offen Marx sich zur Gewalt bekannte. In »Lohnarbeit und Kapitel« stehen die erschreckenden Sätze: »... das waren die Hauptmomente, in denen sich der europäische Klassenkampf zwischen Bourgeoisie und Arbeiterklasse zusammenfaßte, an denen wir nachwiesen, daß jede revolutionäre Erhebung, mag ihr Ziel noch so fernliegend dem Klassenkampf scheinen, scheitern muß, bis die revolutionäre Arbeiterklasse siegt, daß jede soziale Reform eine Utopie bleibt, bis die proletarische Revolution und die feudalistische Konterrevolution sich in einem *Weltkrieg* mit den Waffen messen.«

Die positiven Auswirkungen der Lehre von Karl Marx auf die Lebensumstände der Arbeiter soll nicht bestritten werden, doch darf man die heutigen Staaten des »Realen Sozialismus«, die sich auf Marx berufen – die Sowjetunion und ihre Satelliten – nicht vergessen. Unzählige Stellen aus Marx' Werken können für ihre unheilvolle Legitimierung herangezogen werden, auch wenn dies manche sozialdemokratische Marxisten im Westen wegdiskutieren wollen. Eine weitere folgenschwere Tatsache ist ebenfalls nicht zu bezweifeln: mag Marx jeden Zusammenhang seiner Gedanken mit Idealen noch so energisch verneint haben, seine Lehre wurde wie kaum eine andere in der Geschichte Europas zur Nahrung für einen unkritischen Idealismus der Jugend, der Intellektuellen und Arbeiter zahlreicher Generationen. Man muß noch hinzufügen: sie ist dies noch immer, und nicht nur im westlichen europäischen und amerikanischen Bereich, sondern mehr noch in den außereuropäischen Ländern.

Anders argumentieren die sozialdemokratischen Reformer, etwa Georg von Vollmar, der schrieb: »Dieses tausendfache Wurzeln des Heutigen im Gestrigen und des Morgen im Heute läßt nichts Absolutes aufkommen; alle politischen und gesellschaftlichen Zustände sind etwas Relatives, sind Übergangsformen.« Und: »Je friedlicher, geordneter, organischer diese Entwicklung vor sich geht, desto besser für uns und das Gemeinwesen« (»Über die nächsten Aufgaben der deutschen Sozialdemokratie«, 1899). Ähnlich heißt es bei Eduard Bernstein: »Kein Mensch (unter den Sozialdemokraten) denkt daran, der bürgerlichen Gesellschaft als einem zivilistisch geordneten Gemeinwesen an den Leib zu wollen. Im Gegenteil. Die Sozialdemokratie will nicht diese Gesellschaft auflösen und ihre Mitglieder allesamt proletarisieren, sie arbeitet vielmehr unablässig daran, den Arbeiter aus der sozialen Stellung eines Proletariers zu der eines Bürgers zu erheben und so das Bürgertum oder Bürgersein zu verallgemeinern« (»Die Voraussetzungen des Sozialismus und die Aufgaben der Sozialdemokratie«, 1920). Eine solche Haltung idealen Zielen gegenüber brachte mehr Erfolg als die gewaltsame Revolution.

In diesen Zusammenhang gehören die Sätze Manès Sperbers, eines Mannes, der die schrecklichsten Ausbrüche politischer Gewalt miterlebt hat und in »Sieben Fragen zur Gewalt« schreibt: »Mag die Gewalt denen, welche sie ausüben, Triumph bedeuten, und jenen, die sie erleiden, Erniedrigung und Vernichtung sein –

sie ist vor allem der Trompetenstoß, der etwas ankündigt, was gar nicht kommt, oder zwar kommt, doch schnell wieder entschwindet. Die wirklichen Revolutionen, das heißt die tiefgreifenden, dauernden Veränderungen, sind nicht jene, die während einiger Tage, Wochen oder selbst Jahre durch dramatische Explosionen und Konvulsionen im Leben eines Volkes hervorgerufen werden, sondern jene oft langsamen Vorgänge, welche die Produktivkräfte, die Produktionsweise und damit die Produktionsverhältnisse verändern und die Lebensweise aller, also die Zustände, in denen die Menschen, Generation nach Generation, ihrem Dasein Dauer und Sinn zu sichern suchen.«

In unserem Jahrhundert ist das zweite furchtbare Lehrstück, das in seinem auf relativ knappe Zeit konzentrierten Schreckensausmaß als historisch einzigartig gelten kann, der Aufstieg, Sieg und Untergang des *Nationalsozialismus*. Die damals von Hitler verkündeten Ideale waren sonderbar ausgewählt: großdeutscher Nationalismus; »Gemeinnutz geht vor Eigennutz«, dies aber nur auf Deutschland beschränkt, also auf das eigene Volk und Vaterland; Reinhaltung der Rasse; immerhin auch Arbeit und Wohlstand für alle Angehörigen dieser Rasse; Kultur für sie alle, jedoch nur jene Kultur, die als der Rasse und den Wünschen der Partei gemäß bezeichnet wurde. Waren das überhaupt Ideale?

Hier handelte es sich nicht um Ideale, sondern bestenfalls um Ideen, die gegen die Menschenrechte verstoßen mußten, da sie Rassen zu trennen bestrebt waren, da Menschen zweiter Kategorie, ja vernichtenswerte Menschen erfunden wurden. Diese Ideen mußten von vornherein konsequent die Anwendung von Gewalt einschließen.

Hitler sprach vor allem von seiner großen und leuchtenden »Idee«, mit der das »Tausendjährige Reich« und die damit verbundenen anderen verschwommenen Ideen gemeint waren. Im Nationalsozialismus gab es nur Ideen, die als Ideale mißverstanden wurden. Eindeutig destruktive Ideen wurden mit viel Propaganda zu Idealen umgefälscht und mit ihnen ein Maximum an irrationalen Emotionen bei der Masse und vor allem bei der Jugend hervorgerufen. Der gefährliche Trick bestand eben darin, die antihumanen, zerstörerischen Ideen mit dem Nimbus höchster Ideale zu umgeben und durch die Berufung auf sie gleichzeitig die besten und die schlimmsten Kräfte im Menschen zu wecken.

Wenn man heute zurückblickt, sind die ungeheure Naivität, die Unwissenheit und der Mangel an kritischer Reflexion erschrekkend, die damals sogar bei sehr gebildeten Persönlichkeiten zu finden waren: man kann heute nur darüber staunen, wie es Hitler und Goebbels gelang, Ideen von solcher Unmenschlichkeit, Grausamkeit, Aggressivität in der goldenen Verpackung uralten Kulturerbes weihevoll unter die Menge zu bringen und damit auch die Anhängerschaft hochqualifizierter Intellektueller zu gewinnen.

Die vorangegangenen Jahre der Arbeitslosigkeit, der wirtschaftlichen Krise, die anarchistische Verwirrung nach dem verlorenen Ersten Weltkrieg hatten geeignete Voraussetzungen geschaffen: dank ihnen konnte Hitler das Gefühl einer historischen Ausnahmestimmung und die Erwartung eschatologischer Wunder hervorrufen, womit die Gehirne vernebelt wurden.

Aufschlußreich ist die Neigung mancher enthusiastischer Anhänger politischer Ideale mit Absolutheitsanspruch zu dramatischer Wendung ihres politischen Fanatismus. Was sie bei aller Verschiedenheit verbindet, ist die suggerierte unangreifbare Gewißheit der baldigen totalen Verwirklichung. Überzeugte Parteigänger des Kommunismus wurden Faschisten und Nationalsozialisten und umgekehrt: Mussolini selbst, Malaparte, Arnolt Bronnen und noch viele andere wären zu erwähnen. Christa Wolf kann in einigen ihrer Bücher die emotionale Leere nach dem Zusammenbruch leidenschaftlich angestrebter Ideale und das Einströmen gegensätzlicher, aber psychologisch ähnlich übersteigerter Ideale verständlich machen. Der Schritt von einem Irrationalismus zum anderen ist leichter als jener in die realistische Beurteilung der Wirklichkeit – obwohl die Ideale gerade dabei nicht verlorengehen müssen.

Alle drei hier angeführten Phänomene – die Französische Revolution, der Kommunismus und der Nationalsozialismus – enthalten als charakteristisches Element ihrer Entfaltung die Mitwirkung der Masse. Ist das Auftreten der Masse das sichere Zeichen für den Beginn der Verfälschung und des Mißbrauchs von Idealen?

Sigmund Freud hat in seinem 1921 erschienenen Werk »Massenpsychologie und Ich-Analyse« viel Aufschlußreiches über das Aufkommen und den Einfluß von Massen dargelegt. Freud untersucht das Entstehen der wüsten Irrationalismen, die sich bei Massenereignissen entladen, und stellt fest: »...das Individuum kommt in der Masse unter Bedingungen, die ihm gestatten, die Verdrängungen seiner unbewußten Triebregungen abzuwerfen. Die anscheinend neuen Eigenschaften, die es dann zeigt, sind eben Äußerungen dieses Unbewußten, in dem ja alles Böse der Menschenseele in der Anlage enthalten ist; das Schwinden des Gewissens oder Verantwortungsgefühls unter diesen Umständen macht unserem Verständnis keine Schwierigkeit.«

Dabei bezieht sich Freud auf Gustave Le Bons klassisches Buch »Psychologie der Massen« von 1895, worin es heißt: »Welcher Art auch die sie zusammensetzenden Individuen sein mögen, wie ähnlich oder unähnlich ihre Lebensweise, Beschäftigung, ihr Charakter oder ihre Intelligenz ist, durch den bloßen Umstand ihrer Umformung zur Masse besitzen sie eine Kollektivseele, vermöge deren sie in ganz anderer Weise fühlen, denken und handeln, als jedes von ihnen für sich fühlen, denken und handeln würde.« Freud ergänzt: »Die Masse ist impulsiv, wandelbar und reizbar. Sie wird fast ausschließlich vom Unbewußten geleitet... Nichts ist bei ihr vorbedacht... Sie verträgt keinen Aufschub zwischen ihrem Begehren und der Verwirklichung des Begehrten. Sie hat das Gefühl der Allmacht, für das Individuum in der Masse schwindet der Begriff des Unmöglichen.«

Freud weist darauf hin, daß es sich beim Aufgehen des Individuums in der Masse um eine Regression in die Urhorde handelt. Der Einzelne gibt sein eigenes »Ich-Ideal« auf und taucht im unbewußten, kindhaften Urzustand unter. Damit ist auch der Ruf nach dem Führer, dem Vater verbunden, denn die Masse »ist im höchsten Grade autoritätssüchtig«.

Alle diese Gedanken und Beobachtungen kennzeichnen ziemlich genau jene psychischen Vorgänge, die eine erfolgreiche Annäherung an Ideale unmöglich machen. Wer im Irrationalismus, in urzeitlichen Emotionen, in der Vermischung von Wunschtraum und Wirklichkeit aufgeht, ist unfähig, ein Ideal realistisch anzustreben. Das typische Massenverhalten ruiniert also von vornherein alle Voraussetzungen für einen richtigen Umgang mit Idealen.

Was aber Freud als mögliche und notwendige Haltung gegen den Irrationalismus der Massen darstellt, kann gerade diese positiven Voraussetzungen stärken. Er schreibt in »Die Zukunft einer Illusion«, 1927: »Man kann von allen Menschen verlangen, daß sie die Gabe der Vernunft anwenden, die sie besitzen«, und: »Der

Mensch kann nicht ewig Kind bleiben, er muß endlich hinaus ins ›feindliche Leben‹. Man darf das ›*die Erziehung zur Realität*‹ heißen.«

Freud, der sich sehr oft im reduktiven Sinn über die Belastung des Menschen durch ein von der Tradition übernommenes starres Über-Ich ausgesprochen hatte, erklärt nun überraschend, aber für die Eindämmung des Irrationalismus konsequent: »Diese Erstarkung des Über-Ichs ist ein höchst wertvoller psychologischer Kulturbesitz. Die Personen, bei denen sie sich vollzogen hat, werden aus Kulturgegnern zu Kulturträgern.« Außerdem: »Das Maß von Verinnerlichung der Kulturvorschriften – populär und unpsychologisch ausgedrückt: das moralische Niveau der Teilnehmer – ist nicht das einzige seelische Gut, das für die Würdigung einer Kultur in Betracht kommt. Daneben steht ihr Besitz an Idealen und an Kunstschöpfungen ...«

Ein bestimmter Aspekt in der Untersuchung Freuds wird von seinem einstigen Schüler *C. G. Jung* auf eigenständige Weise weitergeführt: er meint, daß Religion, Kulte, Mythen das Unbewußte im Menschen binden und dessen Psyche dadurch ausbalancieren. Neben dem »persönlichen« Unbewußten gebe es das »überpersönliche«, das »kollektive Unbewußte«, in das die »historischen Schichten«, die psychischen Vorphasen, die »Archetypen« der Menschheit eingegangen seien. Das Zurücktreten der Religion bewirkte nun, daß dieser Bereich des Unbewußten, vor allem des »kollektiven Unbewußten«, freigesetzt worden sei, so daß »die Menschen selber vergiftet wurden durch einen Überschuß an Libido, der vorher im Kult des Götterbildes angelegt war« (»Über die Psychologie des Unbewußten«). Jung stellt fest: »Denn dann muß das Individuum sowohl wie das Volk zwangsmäßig das Irrationale *leben*«, man werde sogar »die Verrücktheit des Irrationalen so vollkommen wie möglich gestalten«. Eben dadurch komme es zu jener Perversion einst religiöser und mythischer Vorstellungen in Aggression und Destruktion, wobei die Vorstellung, alles diene höheren Zielen, beibehalten werde. Die Folge ist »ein Massenmord sondergleichen«, denn dann »läuft die rationale Kultureinstellung notwendigerweise in ihr Gegenteil, nämlich in die irrationale Kulturverwüstung«.

Ein Autor, der als Schriftsteller und Wissenschaftler heute immer noch zu wenig Beachtung findet, *Hermann Broch*, erkannte in seinen in dem Band »Massenpsychologie« zusammengefaßten

Fragmenten entscheidende Zusammenhänge. Er spricht von einer »Rationalstufe« des Individuums, von der aufgestiegen oder auch abgestiegen werden könne. Es gehe um die notwendige »Wahnbefreiung«, die gerade eine Aufgabe der Demokratie sei. Der »ethische Wille« müsse aus seinen »massenpsychologischen Verstrikkungen«, aus »falschen und krankhaften Kollektivbildungen« gelöst werden. Der »dämonische Demagoge« führe die Massen stets auf den Weg des Ratioverlustes, das heißt, »der Triebauslebung in archaisch-infantilen Ekstaseformen«. Broch versucht, von der dringenden Notwendigkeit eines Prozesses der »fortschreitenden Entdämonisierung« zu überzeugen. Die Demokratie werde sich zur Bekämpfung des »sie bedrohenden Massenwahns« aufraffen müssen.

Dabei fragt sich Broch, ob die Demokratie einer solchen Aufgabe überhaupt gewachsen sein könne. Nach ihrem schweren Versagen gegenüber dem Nationalsozialismus, der erst durch den Zweiten Weltkrieg ein Ende fand, und dem Kommunismus, den sie in großen Teilen Europas und der Welt nicht zu verhindern imstande gewesen war, fordert er eine neue Orientierung auf ein »humanes Wertzentrum«. Es gehe um die Auflehnung des Individuums gegen den aus dem Massenwahn hervorgegangenen Totalitarismus.

Broch erinnert an die demokratischen Vokabeln »Freiheit, Gleichheit, Brüderlichkeit«, zu denen für die neue Aufgabe der Bekämpfung des Massenwahns Begriffe wie »Anständigkeit, Vernünftigkeit, Ernsthaftigkeit« hinzukommen sollten. Er stellt die Menschenrechte in dieses Wertzentrum und nennt als wichtigsten den schlichten Satz: »Der Mensch darf den Menschen nicht versklaven.« Die Verletzung der Menschenrechte solle zu einem »gemeinen Verbrechen« erklärt werden, wobei die UNO eine wichtige Rolle zu spielen habe: »Mit dem Schutz der Menschenrechte soll der Versuch gemacht werden, die Idee des Westblocks« den Völkern nahezubringen. Die Menschenrechte seien das zentrale Ideal eines solchen »Westblocks«. Das Bewußtsein der Humanität, des individuellen Antitotalitarismus müsse geweckt und gestärkt werden: »Der Schutz der Menschenrechte ist permanente Revolution ›von oben‹.«

Von größter Gefährlichkeit erscheint Broch der »Zerrissenheitswahn«, der ebenso wie der Massenwahn aus religiösem Glaubensverlust hervorgegangen sei. Er erklärt, daß gerade die Religiosität gegen Wertverlust und Masseneruptionen schütze – soweit es sich tatsächlich um Religion und nicht um deren Deformation durch demagogische Verführung und Vermischung mit politischen Machtzielen handle.

In diesen Fragmenten und in anderen theoretischen Schriften spricht Hermann Broch von jenen Werten, die als Ideal erwählt werden können. Alle seine Vorschläge und Regeln betreffen die Wahl und das erfolgreiche Anstreben der richtigen Ideale. Die zunehmende Bedeutung der Menschenrechte im Bewußtsein des Westens, bei der Bevölkerung der kommunistischen Staaten und in der ganzen Welt, lassen Brochs Gedanken als keineswegs falsches Zukunftsbild erscheinen. Auch wenn diese Rechte in erschreckend vielen Staaten nach wie vor nicht eingehalten werden, so ist doch nicht zu leugnen, daß sich immer mehr Aufmerksamkeit auf sie konzentriert.

Versucht man, mit allen diesen Erfahrungen festzustellen, wann *die Verfälschung und der Mißbrauch von Idealen beginnen*, dann ergeben sich drei Kriterien, nach denen sich dies beurteilen läßt:

1. Wenn es heißt, politische Ideale seien auf der Erde vollkommen zu verwirklichen.

2. Wenn Gewalt angewendet wird.

3. Wenn Ideale von agierenden Massen aufgegriffen und mit dem Auftritt von Massen durchgesetzt werden sollen.

Sind diese Anzeichen zu beobachten oder auch nur eines von ihnen, dann setzt die Perversion der Ideale ein. Dann wird die positive Wirkung der Ideale ruiniert, sie kehren sich in Signale von Schreckensperioden um, und statt des verheißenen Paradieses zeigt sich, als realer Rest der Illusion, das Inferno.

Demokratie und Ideale

Wie steht es mit den Idealen in den demokratischen Ländern und dem Ideal der Demokratien selbst? Gibt es hier ein Defizit an Idealen? Verderben die Ideale in den Demokratien?

Die Regierungsparteien verteidigen ihre Stimmenmehrheit oft mit allen Mitteln, doch dabei scheint es ihnen nur noch um die Macht zu gehen. Die Parteiprogramme werden immer verschwommener. Sie entsprechen offenkundig den Erfordernissen der Werbung und sollen elastisch sein für ein rasches Manövrieren in Richtung neu entstehender Wünsche und Bedürfnisse. Jede Partei kämpft um den Erfolg, und die Methoden, ihn zu gewinnen, werden einander immer ähnlicher. Die Wahlversprechen wecken hemmungslos Illusionen und beziehen sich auch in wohlhabenden Ländern vor allem auf einen besseren materiellen Standard. Auch wenn diese Versprechen jemals voll einlösbar wären – reicht die Deckung materieller Ansprüche für ein einigermaßen erfülltes Leben?

Die Demokratie war einst selbst ein Ideal, das gegen heftige Widerstände und nach vielen Rückschlägen in einem großen Teil Europas und in den USA weitgehend verwirklicht wurde. Seit der Aufklärung bemühten sich unzählige Politiker, Denker, Schriftsteller und Millionen Bürger um dieses Ideal der Demokratie oder Republik, wie es vorerst hieß. Die Französische Revolution war das erste für die gesamte damalige Welt erkennbare – und zugleich bereits problematische Signal. Unzählige besser gelungene Versuche folgten.

Seit mehr als zweihundert Jahren haben wir reichlich Erfahrung mit demokratischen Bewegungen und demokratischen Staatsgebilden gesammelt. Der europäische Westen und die USA sind heute Demokratien – doch wo ist das Ideal, wo sind die Ideale der Demokratie geblieben?

Die Massenmedien und vor allem das Fernsehen haben die Lage der Demokratien unerwartet schwierig gemacht, obwohl man anfangs meinte, daß gerade diese Medien dem demokratischen

Überblick über den Staat, der Transparenz des politischen Geschehens besonders nützlich würden. Was aber meist eintrat, war ein Verschleiß der demokratischen Mechanismen, der Politiker, der politischen Diskussion, des Parlaments, der Kritik der Parteien untereinander, des Wettbewerbs bei den Wahlen.

Meist greift die von den Massenblättern, dem Radio, vor allem aber dem Fernsehen angewandte Dramaturgie gierig nach den negativen Effekten. Sensationen, Skandale und alles, was dem ähnlich sieht, überschwemmen Leser, Hörer, Zuschauer, und das Ergebnis ist eine unermeßliche Banalisierung.

Politische Parteien begannen vielen Bürgern als Lobbies zur Durchsetzung schwer durchschaubarer Vorteile zu erscheinen, die man meist als private Machtinteressen der Politiker selbst ansieht. Vermischt mit der fachtechnischen, für den Laien unüberblickbaren Kompliziertheit der diskutierten Themen bewirken die heftigen Angriffe der Politiker gegeneinander beim täglichen Betrachter auf die Dauer oft eine tiefe, bisweilen zynische Skepsis oder sogar eine Abwendung von der Politik. Eine drohende Demokratiemüdigkeit gibt autoritären Kräften neue Chancen.

Was blieb und durch diese Entwicklung weiterhin verstärkt wird, ist der materialistische Egoismus: mehr Geld, weniger Arbeit, mehr Konsum, mehr Freizeit, das Zweitauto und das Zweithaus. Und davon reden nun auch die Politiker am liebsten, da sie die Wähler auf das ansprechen wollen, womit diese am sichersten zu gewinnen zu sein scheinen.

Anderseits kommt es vor allem bei der Jugend immer wieder zu schwer voraussehbaren Ausbrüchen von Irrationalismus. Dabei wechseln Motive und Ziele; was aber gleich bleibt, ist die anarchische Kraft der Emotion, die gegen die demokratischen Ordnungsregeln aufbegehrt. Ob Rot (wie im Jahre 1968 und danach), ob Grün (wie in den späten siebziger und achtziger Jahren) – auch Braun oder eine andere Farbe können einmal aktuell werden – das Überhandnehmen von Zynismus und materialistischem Egoismus in den Demokratien ruft das emotionale Gegenteil hervor. Ist es unvermeidbar, daß die demokratische Lebensform derart verdorrt, herabkommt und dadurch das Bedürfnis nach Emotion und Idealen gerade der Jugend unbefriedigt läßt?

Die Massenmedien und vor allem das Fernsehen, die an diesem Vorgang wesentlich beteiligt sind, kommen freilich nur in den Demokratien zu der dramaturgisch zugkräftigsten Entfaltung. In den kommunistischen Staaten verbreiten Fernsehen, Radio und Zeitungen in ihrer von oben gelenkten Einseitigkeit unerträgliche Langeweile.

Im Westen sind in der täglichen Show von Machtkämpfen, Skandalen und persönlichen Duellen meist die besseren Schauspieler, die pfiffigeren Diskutierer im Vorteil. Die eigengesetzliche Dramaturgie der Massenmedien, vor allem des Fernsehens, fordert die sachfremden Effekte heraus. Man sieht diese Darbietungen auf demselben Schirm wie Sport, Quiz, Unterhaltungsfilme, Schauspiele, Kabaretts, da dürfen die Politiker sich nicht überrunden lassen. Dennoch ist das politische Spiel im Fernsehen und in den anderen Massenmedien ein schlechtes Entertainment, denn für eine erfolgreiche Konkurrenz mit Unterhaltungsfilmen haftet ihm immer noch zuviel Wahrheit an.

Die Katastrophe, die Hitler herbeiführte, kann gar nicht als grauenvoll genug angesehen werden, aber die Demokratie und ihre Ideale verdanken ihr viel. Gerade die Geschichte des Dritten Reiches, die 55 Millionen Toten des Zweiten Weltkriegs, die Konzentrationslager, die Menschenvergasungen zeigten in – wie es damals schien – nie mehr zu widerlegender Deutlichkeit die Vorzüge der Demokratie. Die Vernichtung des Nationalsozialismus war ein historischer Beweis für die Demokratie und gleichzeitig für die erhoffte, immer wieder bezweifelte, sich aber nun doch erweisende Gerechtigkeit der Weltgeschichte. Die Jahre nach 1945 bekräftigten die Richtigkeit des demokratischen Ideals, sie waren trotz aller geschehenen Katastrophen eine Zeit des ideellen und bald auch materiellen Aufschwungs – und zwar auf beiden Seiten, jener der Sieger und jener der Verlierer.

Wie lange hielt diese Überzeugung an? Wie lange blieb die Erinnerung an Hitlers Massenmorde, an die Schrecken des Zweiten Weltkriegs lebendig? Nicht einmal so lange, wie jener Teil der Generation, der die Hölle überlebt hatte, noch in überwiegendem Maß die öffentliche Meinung bestimmte. Was war geschehen?

Der enorme materielle Aufschwung war nicht bloß durch die Not, sondern nicht weniger durch den ideellen Enthusiasmus nach dem Krieg ausgelöst worden, durch die Überzeugung, daß es lohne, eine Demokratie zu errichten, daß sie eine Lebensform biete, die es ermögliche, vielen Idealen näherzukommen. Waren nicht vorher auf der Seite Deutschlands unzählige Menschen für Ideale ausgezogen – für die angebliche Tradition des Abendlands, für die Bewahrung alter Werte – mit Goethes »Faust« und Hölderlin im Marschgepäck? So sehr diese Ideale manipuliert waren, sie waren überaus geschickt manipuliert, die Propaganda lief für die Rettung des Abendlands und ein menschenwürdiges Leben. Was tatsächlich geschah, verbarg sich hinter einem feierlichen Vorhang von Würde und Werten.

Der Skeptizismus gegenüber allen Werten nach dem Zweiten Weltkrieg, und zwar vor allem auf der Seite der Verlierer, richtete sich gegen alles erhabene Getöse mit idealistischem Anspruch, da zu viele mit entsetzlichen Folgen darauf hereingefallen waren. Die nüchterne Sprache der siegreichen Demokratien, in welcher die Beimischung von englischem Understatement sehr merkbar war, kam gerade durch den Kontrast zu größter Wirkung: sie wurde zum Ausdrucksmittel des Demokratie-Ideals. Die Ideale waren nicht gestorben, im Gegenteil, aber die falschen wurden demaskiert. So tief der Schock getroffen hatte, ein neues, unverfälschtes Ideal – es war das eigentliche alte, ursprüngliche europäische Humanitätsideal – trat aus den Ruinen hervor und ließ die Menschen an eine bessere Zukunft glauben.

Ob Deutschland und Österreich die Katastrophe überwunden hätten, wenn der neue Glaube an die Demokratie nicht stark genug gewesen wäre, wage ich zu bezweifeln. Eine totale Hoffnungslosigkeit hätte in neue Katastrophen geführt, von denen Hunger, Arbeitslosigkeit und Anarchie noch die geringsten gewesen wären – dies zeigte die Situation nach dem Ersten Weltkrieg.

Man soll nicht stets wiederholen, aus der Geschichte werde niemals gelernt: die westlichen Siegermächte haben nach dem Zweiten Weltkrieg zumindest in einem Punkt sehr wohl etwas dazugelernt: sie halfen nicht nur materiell, und zwar erheblich – wer, der damals hier lebte, erinnert sich nicht an UNRRA und Marshallplan? –, sondern auch durch eine geistige und kulturelle Initiative von gewaltigem Ausmaß.

»Erziehung zur Demokratie« hieß es damals, in deutscher, englischer und französischer Sprache, und man erfuhr und erlebte all das, was während der Hitlerära unterschlagen worden war. Die Demokratie zog ein mit Malraux und Camus, Picasso, Bernanos und Claudel, Schönberg und Jazz, mit Descartes, Rousseau und Sartre, Karl Popper und Joseph Schumpeter, Sinclair Lewis und Hemingway, mit T. S. Eliot und Kafka. Ihre Verbreitung blieb keineswegs nur dem freien Markt überlassen, sondern wurde durch reichlich subventionierte Zeitschriften, durch Theatergruppen, durch besondere Publikationen öffentlich gefördert. Gewiß wäre die Resonanz ausgeblieben, hätte nicht das Verlangen bestanden, dies alles aufzunehmen. Aber ohne die geistigen und kulturellen Initiativen, die gemeinsam mit den humanitären und wirtschaftlichen Unterstützungen stattfanden, hätte eine wichtige Quelle jener Kraft gefehlt, die den Wiederaufbau zustande brachte.

Worüber reden die demokratischen Politiker heute? Zumeist über Verkürzung der Arbeitszeit, Steuerermäßigung, Urlaubsverlängerung, Anzahl der Gehälter, Benzinpreise, Mehrwertsteuer. Mit diesen Themen finden sie nachlässigen Beifall, etwa nach dem Motto: »Wozu haben wir sie denn – das ist doch ihre Aufgabe.« Gibt es für die heutigen Politiker nicht wichtigere Aufgaben? Die Jugend vor allem stellt diese Frage, und es fanden sich besonders in den Bereichen abseits der Politik der großen Parteien auch Antworten: Atomkraftwerke, Umweltschutz, Waldsterben, saurer Regen, totes Wasser, vergiftete Meeresküsten, chemische Schadstoffe in den Lebensmitteln wurden zu dramatischem Diskussionsstoff – und ganz verständlich, der Weltfrieden.

Während die Politiker der großen Parteien noch in der Routine von Wirtschaftsfragen und gewerkschaftlichen Strategien befangen waren, kamen an den Rändern der Gesellschaft, zumeist in den Reihen der jungen Generation, sehr unerwartete Wünsche und Ängste zum Vorschein. Sie alle sind sachlich begründet, sogar existentiell notwendig, und ihre starke emotionale Eindringlichkeit konnte niemandem entgehen.

Manche dieser Themen haben verantwortungsvolle Politiker keineswegs übersehen, so etwa die Problematik der Atomenergie oder die Notwendigkeit des Weltfriedens, auch den Umweltschutz. Doch all diese Probleme waren in die Automatik ihres Berufs eingegangen, man befaßte sich wohl damit, vor allem aber hatte man an die nächste Wahl zu denken und an jene Taktik, mit der man sie am ehesten zu gewinnen hoffte. Der Wähler sah diese Taktiker allabendlich durch das Fernsehen in seinem eigenen Wohnzimmer – dort wollte man nicht beunruhigen, sondern mit der Aussicht auf reale Gaben werben. Davon also redete man.

Der gewiß wichtige Pragmatismus der demokratischen Politiker, der allmählich und oft unbewußt eine Symbiose mit dem Opportunismus einzugehen versuchte, hatte dazu geführt, daß jener Bereich vernachlässigt wurde, der *jenseits des materiellen Nut-*

zens liegt. In ihrer so betonten Praxisnähe versäumten sie seit den sechziger Jahren ein grundlegendes Kapitel der Menschenkenntnis. Bei Le Bon, Freud, Adler, bei Lenin und Hitler hätten sie nachlesen oder beobachten können, daß die überwiegende Anzahl der Menschen keineswegs zu allererst ihren materiellen Nutzen zum Ziel hat. Sie mögen eine Zeitlang diesen Anschein erwecken, dann aber bringt das aufgestaute Verlangen nach mehr als Realem ganz andere Wünsche hervor.

Dies steht bereits in einem viel älteren Buch von beträchtlicher Verbreitung, nämlich im Alten Testament: der Mensch lebt nicht vom Brot allein. Gerade wenn Brot und entsprechende Zugaben für den eigenen Bedarf reichlich vorhanden sind, ist die emotionale Mutation zu erwarten. Sie kann zu bedeutenden uneigennützigen Leistungen führen – oder zu Wahnsinnstaten.

Einem grundsätzlichen Irrtum sind viele demokratische Politiker auch dort erlegen, wo es um die wesentlichen Elemente der Bildung geht und damit stärkster Einfluß auf die Lebensform der Zukunft ausgeübt wird. Immer deutlicher wurde betont, man solle lernen, um im Beruf voranzukommen, um materiellen Erfolg zu haben. Längst ist bekannt, daß dadurch ein wichtiges Ideal verlorenging, nämlich jenes der Bildung, des Wissens, der Erkenntnis. Man lernte in den veränderten Schulen nicht mehr, Ideale zu finden, sie richtig einzuschätzen und auf sie in gemäßer Haltung zuzugehen. Die Jugend sollte auf das Berufsleben vorbereitet werden, wobei oft mit gesellschaftspolitischem Jargon garnierte Diskussionen die Lage nur verschlimmerten.

Das Ergebnis mußte verhängnisvoll sein: einerseits erweckte man die Meinung, wer so zur Berufstüchtigkeit erzogen worden sei, habe auch das Anrecht auf den angestrebten Beruf, anderseits taten die politischen Abstraktionen ihre Wirkung. Vergessen wurde, daß das Lernen als Vorgang an sich, daß Bildung selbst ein Ideal in humanistischem Sinn sein könne, das dem Menschen in jedem Beruf und außerhalb des Berufslebens einen geistigen Inhalt zu geben imstande ist.

Ein großer Teil der Jugendlichen wurde gerade in entscheidenden Lebensfragen im Stich gelassen: indem man versäumte, sie darüber zu informieren, wie Ideale ausgewählt werden und wie man richtig mit ihnen umgeht.

Das unübersehbare Defizit an Idealen in den heutigen Demokratien erscheint um so tragischer, wenn man sich vergegenwärtigt, daß die Staatsform der Demokratie durch ein langdauerndes, gedanklich und politisch aktives Streben nach bedeutenden Idealen entstanden ist. Die Vorstellung von einem demokratischen Staat und demokratischen Bürgerrechten geht in der westeuropäischen Kultur auf alte Wurzeln zurück. Zwar findet man schon im berühmten athenischen Stadtstaat des Perikles demokratische Ansätze, doch erst mit der beginnenden Anerkennung allgemeiner Menschenrechte setzte eine kontinuierliche Entwicklung ein, die mit manchen Veränderungen, Ausgestaltungen und bald auch praktischen Erprobungen die Verwirklichung des Demokratiegedankens hervorbrachte.

Die »Magna Charta Libertatum« von 1215 in England mag noch als ein blasses Vorzeichen gelten, doch in der Unabhängigkeitserklärung der Niederlande von 1581 und den »Habeas-Corpus-Akten« von 1679, sowie in der englischen »Bill of Rights« von 1689 ist die gemeinsame historische Linie erkennbar. Auch der berühmte spanische Jesuit Francisco Suarez trug mit seinem juristischen Werk »De legibus ac deo legislatore« (1612) zur Weiterführung dieser Linie bei, da er jeden Menschen dem göttlichen Naturrecht als gleichberechtigt unterstellte, den schlichten Bauern ebenso wie Fürsten, Kaiser oder den Papst selbst. Der niederländische Rechtsphilosoph Hugo Grotius, ursprünglich Calvinist, dann Humanist im Sinne des Erasmus von Rotterdam, führte nicht religiöse, sondern biologische Argumente für das Naturrecht ins Treffen und entwickelte von dort her sein Völkerrecht. Sein Werk »De iure belli ac pacis« (1625) bringt Naturrecht, Völkerrecht und Vernunft in direkte Beziehung.

In der Schweiz sammelten sich die »acht alten Orte« zu einer »Eidgenossenschaft« (1353), die sich in vielen schweren Kämpfen vergrößerte, vom Habsburgerreich loslöste und nach dem Westfälischen Frieden 1648 auch völkerrechtlich unabhängig wurde, und zwar mit einer bürgerlichen politischen Struktur, die sich wesentlich von jener der Monarchien unterschied. Merkwürdig war die Rolle Calvins, der als Franzose und Prediger der Reformation von 1541 bis 1564 ein strenges, asketisches, höchst undemokratisches und intolerantes Regime in Genf errichtete, das unzählige Hinrichtungen wegen Unsittlichkeit und Glaubensabweichungen anordnete. Dennoch trug Calvin paradoxerweise sehr wesentlich zur Heranbildung einer späteren demokratischen Lebensform bei – da er einen entscheidenden Einfluß auf den englischen Puritanismus und das protestantische Arbeitsethos ausübte.

Max Weber zeigt in seinem grundlegenden Werk »Die protestantische Ethik und der Geist des Kapitalismus« (1905) den unmittelbaren Zusammenhang zwischen Calvins Gedanken zum Protestantismus und dessen »innerweltlicher Askese«. In der berühmten Untersuchung heißt es: »Nicht Muße und Genuß, sondern *nur Handeln* dient nach dem unzweideutig geoffenbarten Willen Gottes zur Mehrung seines Ruhms. *Zeitvergeudung* ist also die erste und prinzipiell schwerste aller Sünden.« Und weiter bei Max Weber: »Die Arbeit ist... vor allem von Gott vorgeschriebener *Selbstzweck* des Lebens überhaupt. Der paulinische Satz: ›Wer nicht arbeitet, soll nicht essen‹ gilt bedingungslos und für jedermann. Die Arbeitsunlust ist Symptom fehlenden Gnadenstandes.« In dieser protestantischen Auffassung wird der Erfolg zum untrüglichen Zeichen richtigen und gottgewollten Handelns.

Auf diesem Umweg über das ethische Ideal der Arbeit und eine zumindest annähernde Sakralisierung des Erfolgs kam es zu einer Liberalisierung des Erfolgsstrebens – denn wer konnte ohne verschiedenste Versuche die geeignetsten Methoden finden? In der späteren geschichtlichen Entwicklung siegte Calvins Arbeitsethos über seine autoritäre Intoleranz. Allerdings kündigte sich in der strengen Orientierung auf innerweltliche Askese, auf Arbeit und Erfolg, auch eine der Gefahren dieser Lebensform an, die weitgehend in die Demokratie einging: als die religiösen Bindungen verschwanden, kam auch die Kontrolle durch das religiöse Gewissen im Sinn der christlichen Nächstenliebe abhanden, und was blieb, war nichts als die säkularisierte Orientierung auf den materiellen Erfolg.

Neue geistige Strömungen intensivierten die Entwicklung demokratischer Gedanken, wie sie in John Miltons »Brief über Toleranz« gekennzeichnet werden. Condorcet und Rousseau schrieben Werke, die unmittelbaren Einfluß auf die Französische Revolution hatten. Vor allem Rousseaus »Contrat social« (1762), der mit den alarmierenden Worten beginnt: »Der Mensch wird frei geboren, und überall ist er in Ketten«, enthält Sätze und Abschnitte von enormer Brisanz. Die Begriffe Freiheit und Gleichheit wurden zu Parolen, und die Beteiligung des einfachen Bürgers an der Politik zu Recht und Pflicht: »Je vollendeter die Staatsverfassung ist, desto mehr überwiegen die öffentlichen Angelegenheiten in den Augen des Staatsbürgers die privaten.« Und: »Sobald man bei Staatsangelegenheiten die Worte hören kann: ›Was geht das mich an?‹, kann man darauf rechnen, daß der Staat verloren ist.«

In der »Bill of Rights of Virginia« von 1776 steht gleich am Anfang zu lese: »Alle Menschen sind von Natur gleichermaßen frei und unabhängig und besitzen gewisse angeborene Rechte... auf Leben und Freiheit... die Möglichkeit...Glück und Sicherheit zu erstreben und zu erlangen!« Ähnliche Gedanken enthält die knapp einen Monat später erfolgte Unabhängigkeitserklärung der Vereinigten Staaten. Die Erklärung der Nationalversammlung der Französischen Revolution von 1791 faßt zusammen: »Die Menschen werden frei und gleich an Rechten geboren und bleiben es... Der Endzweck aller politischen Vereinigung ist die Erhaltung der natürlichen und unabdingbaren Menschenrechte. Diese Rechte sind die Freiheit, das Eigentum, die Sicherheit, der Widerstand gegen Unterdrückung... Die Freiheit besteht darin, alles tun zu können, was einem anderen nicht schadet... Niemand soll wegen seiner Ansichten, auch nicht wegen der religiösen, beunruhigt werden, sofern ihre Äußerung die durch das Gesetz errichtete öffentliche Ordnung nicht stört...«

Welch vielfältiges Streben nach Idealen wurde in die Begründung der demokratischen Staatsform eingebracht und später immer wieder für deren Erweiterung und Verbesserung aufgewendet! Die Sozialdemokraten und Liberalen waren daran ebenso beteiligt wie die Christdemokraten der verschiedenen historischen Phasen. Und trotzdem gibt es heute ein Verblassen demokratischer Staatsideale? Nur bei den professionellen Politikern, oder auch bei den Staatsbürgern, vor allem bei der jüngeren Generation?

Die mitunter spektakulären Demonstrationen für den Weltfrieden, in der Bundesrepublik Deutschland gegen die Aufstellung amerikanischer Raketen, die Friedenskongresse, die Demonstrationen gegen die Erweiterung eines Flughafens, für die Rettung einer Au, das Engagement vieler, vor allem jugendlicher Gruppen gegen Waldsterben, Umweltverschmutzung und andere hochaktuelle Gefahren zeigen zweifellos, daß eben diese Gruppen fähig sind, sich für Vorhaben einzusetzen, die – wie immer man sie beurteilen will – weit über den engen Umkreis materieller Vorteile hinausgehen. Oft werden hier ausgesprochen idealistische Ziele angestrebt. Hat die Demokratie nicht gerade in dieser Hinsicht Schwächen gezeigt? Haben nicht die Politiker selbst wichtige Ideale übersehen oder sich erspart, genau zu erklären, warum sie die Ideale mancher anderer für falsch halten?

Völlig unbedenklich greifen die totalitären Regime nach Idealen, und zwar immer nach denen, die in der jeweiligen Situation die attraktivsten sind. Dies tat Hitler ebenso wie Lenin, Stalin und deren Nachfolger. Man wußte dort stets, daß die Anziehungskraft der Ideale nicht in der Hoffnung auf konkreten Gewinn liegt, sondern von viel Wesentlicherem ausgeht, und daß gerade persönliche Verluste und Opfer die Ideale noch kostbarer und überzeugender machen können. Desillusionierung kann schließlich das traurige Ende sein, doch während der Phase des verfälschten Idealismus sind historische Fakten geschaffen worden, die unwiderrufbar fortwirken.

Erst die zahlreiche Anhängerschaft Hitlers machte den Ausbruch des Zweiten Weltkriegs möglich, und der leidenschaftliche Einsatz so vieler für den kommunistischen »Gott, der keiner war« stärkte Stalin und sein totalitäres Regime, das im eigenen Bereich Millionen Menschen in Gulags vernichtete und einen großen Teil Europas bis heute autoritär beherrscht. Allerdings kann aus den Analysen und Erfahrungen jener, die solch täuschenden Idealen folgten, gelernt werden. Vielleicht ist als Kerninhalt dieser Bekenntnisse zusammenzufassen: nie war es die Aussicht auf persönlichen materiellen Gewinn, die tiefwirkende Emotionen auslöste und den Totaleinsatz der ganzen Existenz bewirkte. Gerade das Risiko, alle Sicherheiten und Bequemlichkeiten für sich selbst zu *verlieren* oder nie zu erreichen, wurde als Beweis dafür empfunden, daß man gut und richtig, weil selbstlos handelte. Darauf kam es an, daraus entsprang die Kraft.

Die Erfahrung, die uns heute überreichlich zur Verfügung steht, zeigt uns, *daß noch lange nicht der Beweis für die Richtigkeit eines Ideals erbracht ist, wenn man es selbstlos anstrebt.* Gerade die in der Frühzeit der totalitären Bewegungen unseres Jahrhunderts hervortretende Selbstlosigkeit, die Opferbereitschaft unzähliger Menschen sollten aber über das vorhandene, enorme Idealismuspotential nachdenklich machen. Wohin ist es in den Demokratien verschwunden? Läßt sich dieses Potential nur dann erwecken, wenn es um autoritäre Maßnahmen, um die

Aufhebung persönlicher Freiheiten, um politische oder militärische Aggressionen geht? Dies wäre eine zu negative Auffassung vom Menschen, als daß sie glaubwürdig sein könnte.

Im humanen und religiösen Bereich geschah und geschieht unendlich viel Hilfreiches ohne spektakulären Aufwand, sehr oft im Verborgenen. Institutionen wie die Caritas, das Rote Kreuz, Amnesty International und viele andere Vereinigungen folgen mit ihrer Tätigkeit wichtigen Idealen. Ihre Aktivitäten sind nur in Demokratien möglich – aber die Regierungen und Parteien der demokratischen Staaten übergehen diese Tatsache, sie versäumen es, sich mit den humanitären Inhalten dieser idealistischen Aktivitäten deutlich genug zu identifizieren. Der demokratische Staat unterstützt diese Institutionen oft mit beträchtlichen Summen, vernachlässigt es aber, alle diese Bemühungen als fruchtbare Ergebnisse der demokratischen Staatsform auszuweisen, ohne die sie überhaupt nicht möglich wären.

Die Politiker der Demokratien überschätzen in ihrer täglichen Routine den Informationsstand der Bevölkerung, vor allem der Jugend, die es, mehr noch als die Bürger der älteren Jahrgänge, als selbstverständlich wie die Atemluft empfinden, was ihnen an Liberalität, an politischen und wirtschaftlichen Vorzügen geboten wird. Hier sind die Möglichkeiten der Information, der Schärfung des Bewußtseins noch nicht einmal annähernd genützt. Anderseits unterschätzen die gleichen Politiker das emotionale Verlangen der Menschen nach Idealen, die Bereitschaft, ihren egoistischen Vorteil hintanzustellen, Leistungen für andere zu erbringen, ja Opfer auf sich zu nehmen. Allerdings – nicht Opfer für irgend etwas, auch nicht für eine bessere eigene Zukunft, sondern für ein Ideal, das stark genug ist, um zu überzeugen. Das kann Nächstenliebe, Nächstenhilfe, aber auch der Einsatz für große humanitäre Aufgaben sein, Arbeit nicht für sich selbst, sondern für andere.

Gerade wenn ich das Handeln und Reden so vieler demokratischer Staatsmänner und Politiker beobachte und an die Flut zutiefst pessimistischer Bücher denke, die uns überschwemmt, komme ich zu der Überzeugung: der Mensch ist besser, als viele meinen. Er ist aber auch weniger informiert, weniger erfahren, weniger urteilsfähig, als viele annehmen. Darum haben es die totalitären Demagogen mit ihren irreführenden Idealen oft so leicht. Sind unsere Politiker, unsere Schulen und vor allem die Massenmedien imstande und bereit, mit mehr Aufwand, mehr Zeit, mehr Initiative zu helfen?

Die Dramaturgie der Massenmedien läßt sie allzuoft der Verführung effektvoller Negativdarstellung erliegen: die schlechte Nachricht ist die gute Nachricht, die Dramatik von Streiks, Terroraktionen, das Scheitern von Politikern, Skandale, Sensationen geben dramaturgisch mehr her als die Darstellung alles dessen, was an positiven Möglichkeiten genutzt werden könnte, als der Versuch, bewußt zu machen, welche Qualitäten die Demokratie hat. Auf diese Weise bleibt unter einem nicht endenden Schwall von Abfall die Tatsache verschüttet, daß die staatliche Demokratie das Resultat eines jahrhundertelangen Strebens nach einem Ideal darstellt, an das man tatsächlich relativ nahe herangekommen ist. Man kann Vergleiche mit der Vergangenheit oder mit jenen Regimen anstellen, die sich zwar volksdemokratisch nennen, aber nicht einmal die primitivsten Ansätze von Liberalität zeigen.

Ich sehe die müden Augen so vieler Staatsmänner und Politiker westlicher Demokratien vor mir: nach diesem aufreibenden Alltag, mit einem derart überladenen Terminkalender auf Monate hinaus soll man sich auch noch um Ideale kümmern? Um die Form, sie darzustellen und anderen bewußtzumachen? Schon warten der nächste Besucher, die nächste Sitzung, der Wagen zum Parlament. Und doch weiß man, daß manche amerikanische Präsidenten sogar recht viel private Zeit für sich hatten, und es waren nicht die schlechtesten.

Erlebt die heutige Demokratie aufgrund der Kompliziertheit ihrer Verwaltung und der Verstrickung ihrer Politiker in das Netz kaum mehr überblickbarer Verpflichtungen eine Krise ihrer eigentlichen Inhalte? Es wäre tragisch, wenn sich Demokratien nur in Zeiten tödlicher Bedrohung, wie einst unter Hitler, als stark erwiesen, und nach dem Sieg – der nicht zuletzt der Sieg ihrer Staatsform war – trotz erheblicher politischer und wirtschaftlicher Erfolge in Gefahr kämen, gleichsam nach innen zu verbluten.

Die Demokratie entstand durch die Annäherung an ein Ideal, und sie ist ein in Jahrhunderten langsam erkämpfter Freiraum für die Entfaltung vieler Ideale. Das demokratische Ideal, das Freiheit, Gleichheit vor dem Gesetz, Toleranz und Frieden beinhaltet, ist das Tor zu anderen Idealen. Das Weiterstreben erfordert allerdings eine nicht geringe Reife im Umgang mit Idealen.

Gerade die Demokratie ist die optimale Voraussetzung für die

Annäherung an weitere Ideale, da sie die Einschränkung des Einzelnen so weit wie möglich reduziert. Das gilt für die Annäherung an die Ideale Liebe, Familie, Kunst, religiöses Leben, allgemeiner sozialer Wohlstand, allgemeine kulturelle Entwicklung und viele andere. Wenn die äußeren Hindernisse wegfallen, hat der Einzelne die Wahl weiterer Ideale und die Prioritäten in seinem Streben individuell zu verantworten. Die Demokratie eröffnet damit große Möglichkeiten, bringt aber auch, wie jede Freiheit, Gefahren mit sich: nämlich das Risiko, alles zu verderben.

Man kann freilich einwenden, daß oft der Eindruck entsteht, gerade durch die mangelnde Liberalität, die wirtschaftliche Knappheit, die schweren Behinderungen jedes Einzelnen in den autoritären Staaten blieben die humanen Ideale in der Bevölkerung dort lebendiger als in den Demokratien. Vielleicht erscheint es manchmal so. Dennoch sollte man daraus nicht den Schluß ziehen, die erfolgreiche Überwindung von Not und Unterdrükkung als Anfang vom Ende der Ideale anzusehen. Dies wäre eine allzu pessimistische Einschätzung der Entwicklungsmöglichkeiten des Menschen.

Die politische Glaubwürdigkeit der kommunistischen Staaten geriet durch die lähmende Phrasenhaftigkeit der eigenen Propaganda und manche ihr total widersprechende Aktionen in eine schwere Krise. Die Reformversuche Chruschtschows scheiterten bald. Den energischen, ernsten Bemühungen Gorbatschows stehen die Vergangenheit und Realität des Systems entgegen.

Das Verlangen der Menschen nach Idealen stirbt aber nicht aus, mit jeder neuen Generation wächst es von neuem heran. Die Zeit für die Demokratien ist günstig, wenn man sich hier der eigenen Ideale wieder bewußt wird.

Zwei europäische Ideale machen Weltpolitik

Allzuoft gerät in Vergessenheit, daß nicht nur die Demokratie, sondern auch die Verwirklichung eines einigen Europa ein Ideal ist, zu dessen Realisierung viel Energie und Enthusiasmus eingesetzt wurden. Die Demokratie – so meinte ich feststellen zu können – hat eine Zukunft mit bisher noch nie dagewesenen Möglichkeiten vor sich. Ist nun Europa heute ein glaubhaftes Ideal, und wie sieht dieses Ideal aus? Man beschreibt es meist als eine Vereinigung von Begriffen wie Freiheit, Individualität, Mitbestimmung, Chancengleichheit, Menschenrechte, Erkenntnis, Wissenschaft und hilfreiche Anwendung ihrer Ergebnisse. Wohlstand gilt als Voraussetzung für diese Entwicklung. Mit denselben Merkmalen wird auch die Demokratie gekennzeichnet. Ist die Demokratie ein mit Europa identisches Ideal, und zwar die parlamentarische Demokratie westlicher Prägung?

Gewiß muß unterschieden werden zwischen dem geographisch begrenzten europäischen Raum vom Atlantik bis zum Ural und der Gesamtheit von Idealvorstellungen, denen nachzustreben eine Lebensform darstellt. Das durch seine gemeinsame Lebensform definierte Europa vergrößerte sich in den letzten Jahrhunderten; es reicht weit nach Westen bis in die USA und nach Osten über Rußland hinaus bis tief in den asiatischen Raum. Die europäische Wissenschaft, die Technik, die Medizin, die europäische Zivilisation breiteten sich über die Welt aus, und nun grenzen die Einflußsphären der beiden Hälften Europas – des »politischen« Westens und des »politischen« Ostens – auch in Ostasien und Afrika aneinander.

Was ist aber von Europa selbst, von seiner Besonderheit geblieben? Wie wurde Europa durch seine enorme Expansion verändert? Der europäische Einfluß hat sich in der Dritten Welt als problematisch erwiesen. Man zögert heute oft, von einem Ideal Europa zu sprechen.

Der in Deutschland geborene Soziologe und Sinologe Karl A. Wittfogel, einst aktiver Kommunist, der später nach Amerika emigrierte und ein scharfer Kritiker der totalitären Systeme wurde, schrieb in New York ein Werk über »Die orientalische Despotie«. Er stellte die These auf, daß die Urheber der totalitären Staaten, vor allem Marx und Lenin, aber auch Mussolini und Hitler, bewußt und unbewußt auf Grundstrukturen der orientalischen Despotien – in Ägypten, Sumer, Assur, Indien, China – aufbauten.

Wer sich einer solchen Position ohne sorgsame Differenzierung anschließt, wird zur Auffassung kommen, daß mit dem Erfolg totalitärer Systeme Asien vordringe, daß also in der heutigen politischen Situation die Grenze Europas der Grenze des »politischen Westens« entspreche. Wo die westliche Demokratie aufhöre, beginne Asien, Afrika, jedenfalls ein nichteuropäischer Bereich.

Diese Ansicht stützt die ohnedies in Westeuropa vorhandene Tendenz, an ein Status-Gefälle von West nach Ost zu glauben. Schon in Paris und London ist, auch bei gebildeten Intellektuellen, oft die zumindest halbbewußte Meinung als Hintergrund vieler Urteile festzustellen: die eigentliche Grenze der europäischen Kultur – sie heißt dann Civilisation – sei auch heute noch der Rhein, der alte römische Limes. Weiter östlich herrsche eine Art westlicher Kolonialismus oder unverkennbare Barbarei, und zwar auch in unserem Jahrhundert, man denke nur an Hitler und seinen Massenzulauf. Hinter dem Limes beginne jene tief nach Asien reichende Zone, wo allein nationalsozialistische Konzentrationslager, Judenvergasungen und Gulags möglich seien.

Die Gefährlichkeit eines solchen Denkens, welches das eigene Volk als die bessere Art von Menschen einschätzt, liegt in einem verdeckten intellektuellen Rassismus, der nur zu neuem Unheil führen kann. Diese Position scheint der Bundesrepublik Deutschland und Österreich gegenüber an Schärfe verloren zu haben. Wie aber werden die Länder des »politischen Ostens« beurteilt? Nicht weniger simplifizierend und verhängnisvoll ist es nämlich, diesen Bereich – wie es oft geschieht – als immer schon anfällig für asiatische Staatsformen zu bezeichnen.

Das Schicksal gerade dieser Völker, sowohl der Tschechen, Slowaken, Ungarn, Polen, Rumänen, Slowenen, Kroaten, Serben, Bulgaren, als auch der Ukrainer und Russen besteht aus entsetzlichen historischen Tragödien. Sie sympathisierten niemals mit den asiatischen Eroberern, waren ihnen aber meist durch ihre geographische Exponiertheit, ihre militärische Schwäche und das

Desinteresse des Westens ausgeliefert. Mongolen und Türken besetzten ihre Gebiete jahrhundertelang.

Dann steht man vor der Frage, wie es um die asiatischen Tendenzen der Sowjetunion bestellt sei. Folgt der dort vorhandene kommunistische Staat tatsächlich asiatischen Staatsformen? Gewiß versucht Karl A. Wittfogel die Verwandtschaft mit orientalischen Despotien nachzuweisen, doch wird niemand leugnen, daß der Anteil sehr europäischer Gedanken beträchtlich ist: kann man Marx, Engels und wichtige Impulse der Französischen Revolution als »nicht-westlich« bezeichnen? In mancher Hinsicht nahm der Kommunismus seit Lenin – mehr noch als Peter der Große – die Verwestlichung des russischen Reiches mit äußerster Kraft und Entschiedenheit auf. Von den asiatischen Provinzen der Sowjetunion aus gesehen, handelt es sich um eine Europäisierung. Nicht nur Technik und Wissenschaft sind westeuropäisch, auch die Organisationsformen, die neuen Ideen zwischenmenschlicher Beziehungen sind es, was sofort evident wird, wenn man die früheren Zustände zum Vergleich heranzieht.

Dabei ergibt sich allerdings eine tiefreichende Frage: waren die europäischen Traditionen stets nur demokratisch? Wenn man dies auch gern so hätte – man sollte mit einer positiven Antwort vorsichtig sein. In der europäischen Geschichte bildete nämlich die *athenische Demokratie* unter Perikles eine Insel, die damals nur für sehr wenige zum Vorbild wurde. Allzuleicht wird außerdem übersehen, daß auch die antiken Demokratien Sklavenstaaten waren und die demokratische Freiheit nur den Bürgern zugute kam.

Der immer wieder bedrohten demokratischen Tradition, die uns heute überaus wertvoll ist, stand die Tradition *Spartas* entgegen. Auch Sparta war Griechenland, war Europa und leistete – was oft unbeachtet bleibt – vor allem in der frühen Phase einen wesentlichen Betrag zur griechischen Kunst.

Die unmenschlich anmutende Diktatur, die Absperrung des Stadtstaates nach außen auch in friedlichen Zeiten – es gab keine Reiseerlaubnis wegen der Angst vor fremden Einflüssen –, die Verwandlung des Alltags in ein Kasernenleben mit dauerndem Militärdienst, die brutalen Rassenideen von der Aufzucht harter Krieger, die Verhinderung eines privaten Familienlebens, die Wegnahme der Kinder zur Erziehung in öffentlichen Insitutionen, das alles liest man heute mit Unbehagen. Hat aber nicht Platon in seinem »Staat« dieses Modell aufgenommen und durch das hohe intellektuelle Niveau seiner Persönlichkeit für manche auf gefährlichste Weise attraktiv gemacht?

Toynbee weist in seinem Werk »Der Gang der Weltgeschichte« (Abschnitt »Wachstum und Kulturen«) darauf hin, daß die hellenistische Epoche viele hundert Stadtstaaten nach Spartas und Platons Vorbild hervorbrachte, wenn auch in gemilderter Form. Toynbee schreibt: »In Platons und Aristoteles' Utopien (Platons ›Staat‹ und ›Gesetzen‹ und den letzten beiden Büchern von Aristoteles' ›Politik‹) ist das Ziel nicht das Glück des Individuums, sondern die Stabilität des Gemeinwesens. Platon bedenkt die Dichter mit einem Bann, der aus dem Munde eines spartanischen Ephoren stammen könnte, und er befürwortete eine allgemeine Zensur...«

Man sollte zögern, die Staatsordnung Spartas und die Gedanken so bedeutender Denker wie Platon und Aristoteles, deren Werke wie nur wenige die Kultur Europas beeinflußt haben, als uneuropäisch zu bezeichnen, weil ihre politischen Vorstellungen unserer heutigen demokratischen Haltung widersprechen.

Karl Popper hat in seinem Werk »Die offene Gesellschaft und ihre Feinde« Platons Staatslehre überzeugend kritisiert. Niemand aber wird leugnen können, daß die Staatsform Spartas und die davon hergeleiteten Entwürfe Platons, sowie manche ähnlich ausgerichtete Überlegungen von Aristoteles einer alten und ernst zu nehmenden europäischen Tradition zugehören.

Man verfolge die blutige Geschichte Europas und wird feststellen, daß die demokratische Tradition nur selten merkbar wurde, auch wenn wir im Westen dies nicht gern hören. Viel stärker vertreten war in der gesamten bisherigen Geschichte Europas – von der jüngsten Vergangenheit abgesehen – leider die Tradition der oligarchischen spartanischen Diktatur. Ihr Einfluß ist bis weit in die Monarchien und Diktaturen des 19. und 20. Jahrhunderts nachzuweisen: man braucht sich nicht zu wundern, daß sie in dem von der Sowjetunion beherrschten kommunistischen Staatenbereich so ausgeprägt und beherrschend ist.

Athen und Sparta waren – wie alle wissen – lange Zeit heftige politische Gegner, wenn auch der einflußreichste Glorifikateur der spartanischen Staatsform, der große Platon, in Athen geboren war und in Athen – keineswegs in Sparta – lebte. Gibt es dazu heute nicht auffallende Parallelen?

Die beiden Gegensätze unserer Zeit, Demokratie und Diktatur, sind in der europäischen Vergangenheit von früh an zu finden. Beide nehmen Ideale für sich in Anspruch und beide können sich auf große Persönlichkeiten der Philosophie und des politischen Denkens berufen. Dann wäre also schwer zu entscheiden, welchem Ideal der Vorzug gebühre?

Man wird heute die reale Situation hier und dort vergleichen: den Alltag, die Freiheiten, den Lebensstandard, die Kultur in den Demokratien und in den Staaten des »Realen Sozialismus«. Die Verbote des freien internationalen Informationsaustausches, der freien Meinungsäußerung, der freien Wahlen, die Unmöglichkeit einer auch nur annähernden Verwirklichung der Menschenrechte, der freien Ausreise, der freien Berufsentscheidung im Bereich des Kommunismus, alles das spricht eine deutliche Sprache.

Es läßt sich außerdem schon im ideologischen Programm ein sicheres Kriterium angeben: das mit diesen Idealen verbundene Versprechen ihrer möglichen Verwirklichung. Das Ideal des Kommunismus enthält die Zusage seiner absoluten Realisierbarkeit auf Erden. Das Ideal der Demokratie ist vorsichtiger. Es hat differenzierte Mechanismen eingebaut, die von vornherein klarmachen, daß man sich diesem Ideal nur langsam, nach unvermeidlichen Irrtümern, nach jeweils genauer Prüfung der Probleme von vielen verschiedenen Positionen her, durch Wahlen, Parlament, Abgeordnete, Ausschüsse nähern kann – und daß man seine vollkommene Erfüllung niemals erreichen wird.

Die selbstbewußte Ankündigung der absoluten Verwirklichung von Idealen ist das Alarmzeichen für eine unheilvolle Verfälschung. Der Ton jahrzehntelanger kommunistischer Propaganda, die Siegessicherheit, der Anspruch auf Allwissenheit, mit dem die kommunistischen Theorien auftreten, entsprechen den daraus hervorgegangenen politischen Realitäten: den durch Mauern und Stacheldraht verbarrikadierten Grenzen, die verhindern, daß ein großer Teil der Bevölkerung die Flucht ergreift.

Beide europäischen Traditionen, die der athenischen Demokratie und jene der spartanischen Diktatur, haben die Weltgeschichte gestaltet, und sie tun dies heute mehr denn je. Beide waren und sind auf Ideale ausgerichtet, aber es gibt zu deren Beurteilung verläßliche Kriterien: das wichtigste Kriterium ist der Vergleich der realen Ergebnisse hier und dort, ein weiteres, das schon frühzeitig als Warnung dienen kann, ist der Absolutheitsanspruch des kommunistischen Ideals. Die Staaten des »Realen Sozialismus« liefern anschauliche Beispiele dafür, wie man die Realität versäumt, wenn man sie vermessen – in diesem Wort, ich sagte es schon, ist die Sprache sehr deutlich – mit dem Ideal verwechselt.

Der traditionelle griechische und europäische Bürgerkrieg wurde während unseres Jahrhunderts erneut und diesmal in Weltmaßstab wirksam. Eines seiner Hauptmotive, der Kampf zwischen Demokratie und Totalitarismus, beherrscht heute wie einst das Geschehen, und doch ist eine besondere Situation eingetreten, die bisher nicht vorstellbar war: sie wurde durch die europäische Wissenschaft und Technik geschaffen.

Das Atom-Patt verhindert seit dem Ende des Zweiten Weltkriegs einen Dritten Weltkrieg, der mit konventionellen Waffen allein wahrscheinlich längst ausgetragen worden wäre. Die Rüstungsstrategien sind beängstigend, doch lassen sie sich trotz ihrer Bedrohlichkeit besser durchstehen als die reale Katastrophe.

Konrad Lorenz geht in seinem Werk »Das sogenannte Böse« von der grundlegenden Beobachtung aus, daß dem Menschen mit seinen schwachen Händen von der Natur keine Tötungshemmung gegenüber den Mitmenschen mitgegeben wurde. Durch eine solche instinktive Hemmung werden nur Tiere mit wirksamen natürlichen Angriffswaffen vor der Ausrottung der eigenen Art bewahrt. Aus unerklärlichen Gründen war der Mensch imstande, sich künstliche Waffen von furchtbarer Zerstörungskraft selbst zu schaffen und die Ordnung der Natur zu umgehen. Lorenz meint, ein Schimpanse mit Faustkeil sei eine Schreckensvorstellung, der Mensch mit der Atombombe aber eine ungeheure, katastrophale Tatsache. Lorenz fügt allerdings etwas Entscheidendes hinzu: der Mensch weiß es. Er kennt die Gefahr.

Vielleicht hat – so könnte man überlegen – die Natur den Menschen doch nicht für immer im Stich gelassen, als sie unterließ, ihn mit der Tötungshemmung gegenüber den eigenen Artgenossen instinktmäßig zu blockieren. Und wenn seine Verantwortung, sein humanes Mitgefühl, seine Moral nicht ausreichen, diese Tötungshemmung zu ersetzen, so hat nun sein maßloses Fortschrittsdenken das Resultat mit äußerster Brutalität vor ihn hingesetzt: drücke ich los, so trifft der Schuß mich selbst. Wir sind heute so weit, daß die Staatsmänner und Physiker – mitsamt dem Rest der Menschheit – durch ihre Waffen selbst tödlich gefährdet sind. Möglicherweise hat die Natur auf diese Weise die versäumte

Tötungshemmung beim Menschen im letzten Moment nachgeholt.

Wo sind aber die Ideale geblieben? Die Ideale eines vereinten Europa, des friedlichen Fortschritts, der Demokratie, der Humanisierung der Welt? Europa ist in zwei Hälften geteilt, im Westen außerdem nach wie vor in oft rücksichtslos einander konkurrenzierende Nationen aufgesplittert. Für die USA wird der Blick über den Pazifik nach Ostasien immer wichtiger, was zunehmend die Notwendigkeit deutlich macht, daß sich der demokratische Teil des »alten« Europa zu einer einheitlichen Selbständigkeit entwikkelt.

In diesem Zusammenhang kann eine wiederauflebende Diskussion nicht übersehen werden: gerade in den von der UdSSR besetzten europäischen Ländern spricht man in den letzten Jahren auffallend oft von *Mitteleuropa*. Dabei wird meist im Unklaren gelassen, was damit konkret gemeint ist. Es kann sich bei diesem Begriff um das Gebiet der im Ersten Weltkrieg kooperierenden »Mittelmächte«, also Deutschland und die Österreichisch-Ungarische Monarchie samt ihren Verbündeten handeln oder auch, wie es oft scheint, allein um den staatlichen Komplex der einstigen Donaumonarchie. Die Wiederherstellung dieser Föderation, wenigstens in vorsichtigem wirtschaftlichem Zusammenhang mit dem neutralen Österreich, ist zweifellos ein ernsthaftes Bestreben nicht nur der heutigen europäischen Randstaaten des kommunistischen Blocks.

Die neuen Bestrebungen versuchen, die Entwicklung einer im Zentrum des europäischen Kontinents gelegenen Ländergruppe zu einem übernationalen, durch gleiche Interessen geeinten Gebilde zu erreichen, das seine Selbständigkeit gleichermaßen gegenüber Ost wie West behauptet. Diese Unabhängigkeit von der Sowjetunion und von den USA kennzeichnet bereits die notwendige demokratische Struktur dieser Gruppe, da es innerhalb der kommunistischen Sphäre Unabhängigkeit nicht gibt. Der politischen Verfassung, dem Parteiensystem und der Wirtschaft nach wäre solch ein mitteleuropäischer Bund demokratisch westlich, wie dies auch die neutralen Staaten Österreich und die Schweiz sind.

Der mitteleuropäische Gedanke ist nicht neu, er geht ins 19. Jahrhundert zurück und wurde später unter Berufung auf das

1915 erschienene Werk »Mitteleuropa« von Friedrich Naumann lebhaft diskutiert. Damals sollten Deutschland und Österreich-Ungarn den Kern eines solchen Staatenbundes bilden, dessen Übernationalität das Nationalitätenproblem der Donaumonarchie zu entkräften hätte. Die Schriften des evangelischen Pfarrers und späteren Abgeordneten der Weimarer Republik Friedrich Naumann wirken heute merkwürdig: trotz gegenteiliger Beteuerungen oft nationalistisch, dann wieder übernational und sozialistisch. In einem durch den Ersten Weltkrieg aufkommenden Staatssozialismus sah er künftige Möglichkeiten für ein gemeinsames mitteleuropäisches Wirtschaftssystem. Er war mit Schönerer und Karl Renner in Verbindung. Einer seiner Schüler und jungen Freunde war der spätere Präsident der Bundesrepublik Deutschland Theodor Heuß.

Nicht zu leugnen ist die Evidenz der kulturellen Verwandtschaft, die wie eine tief im Unbewußten wirksame Sprache hinter der Sprache merkbar ist. Ob man an die Ähnlichkeit der Städtebilder, der Architektur, der alltäglichen Lebensformen, an Theater und Literatur denkt, etwa an Ady, Karinthy, Déry, György Konrad, an Hašek, Čapek, František Langer, an Krleža, Andrič, an Lem, Mrozek und viele andere: in der Kultur ist die übernationale und übersprachliche Nähe über die Verschiedenheit der politischen Systeme hinweg unmittelbar zu erleben.

Man begegnet in der heutigen Diskussion darüber sogar der Meinung, die Idee Mitteleuropa solle sich auf die kulturelle Sphäre beschränken: es seien unabsehbare Gefahren zu befürchten, geriete diese Idee in den Aktionsbereich der Politiker. So vieles hätten die Politiker verdorben, daß man die mitteleuropäische Idee vor ihnen bewahren solle (Zoran Konstantinovič). Ist Mitteleuropa eine kulturelle Utopie?

Schon Hugo von Hofmannsthal hatte solche Gedanken geäußert, und immer wieder waren es Intellektuelle und unter ihnen vor allem die Schriftsteller, die sich bemühten, in Mitteleuropa ein Klima geistiger Gemeinsamkeit zu schaffen, ohne Rücksicht auf die völlig andere, widerstrebende politische Realität.

Nicht zu leugnen ist allerdings, daß bei den Verhandlungen der Alliierten im Zweiten Weltkrieg über die politische Neuordnung nach dem Sieg der Plan eines mehrsprachigen staatlichen Gebildes eine Rolle spielte. Schon 1943 hatte der englische Außenminister Anthony Eden bei der Moskauer Konferenz einen solchen

Vorschlag geäußert, der allerdings auf die heftige Abwehr Stalins traf. Auch während der Konferenz von Potsdam im Juli und August 1945 wurde über die Möglichkeit einer solchen Lösung gesprochen, die heute als Landkarte unter dem Titel »Truman-Plan« im historischen Museum des Cäcilienhofs am Wannsee zu besichtigen ist. Der dort entworfene Staat umfaßt ein Gebiet, das Stuttgart, München und Budapest einschließt und Wien als Hauptstadt vorsieht. Diese Vorstellung geht auf einen Plan Churchills zurück, den er im vierten Band seiner Memoiren erwähnt. Daraus ersieht man, daß die Zukunft Mitteleuropas politisch ganz anders hätte verlaufen können, als sie tatsächlich verlaufen ist.

In letzter Zeit jedoch gewinnen verschiedene föderalistische Überlegungen zunehmend an Resonanz, wobei manche Ansätze das geteilte Deutschland vorerst aussparen. Die Revitalisierung der einstigen »Donaumonarchie« als »Donaudemokratie«, wenn auch nur in lockerer Föderation, hat die starke Anziehungskraft eines politischen Ideals.

Nie hatte man voraussehen können, daß eine friedliche Einigung oder wenigstens Entspannung zwischen den Nato-Staaten und jenen des Warschauer Pakts solch weltweiten Einfluß auszuüben imstande wären wie heute. Eine Einigung der beiden, von europäisch geprägten politischen Systemen bestimmten Großmächte würde manchen Konflikten in Asien und Afrika den gefährlichen Nachschub an Waffen und aggressiver Logistik entziehen. Immer noch blieben ungeheure Probleme des Hungers, der Übervölkerung, des nationalen und religiösen Fanatismus und der gerade in der Dritten Welt oft leidenschaftlich gewünschten Anpassung an die technische Zivilisation des Westens.

Es könnte sein, daß sowohl der politische Osten als auch der politische Westen eines hoffentlich nicht fernen Tages entdecken, daß sie der Dritten Welt gegenüber in einem Boot sitzen. Dann würde es beiden Teilen Europas leichter fallen, ein gemeinsames Ideal anzustreben, das jene Begriffe einschließt, die am Beginn dieses Kapitels genannt wurden: Freiheit, Individualität, Mitbestimmung, Chancengleichheit, Entwicklung zur Humanität, Wohlstand als Voraussetzung dieser Entwicklung, Menschenrechte, Wissenschaft und die hilfreiche Anwendung ihrer Erkenntnisse.

Die ungelösten und sich weiter vergrößernden Probleme der Staaten des »Realen Sozialismus« sind den Regierungen der Satellitenstaaten und dem Kreml bewußt. Korrekturversuche werden nicht nur von der Bevölkerung in Reformbewegungen von unten unternommen, sondern auch von den Regierungen. Beides hatte bisher zu wenig Erfolg, doch muß es nicht dabei bleiben.

Der politische Westen hingegen hat die Möglichkeit, aus seinen staatspolitischen Ungeschicklichkeiten zu lernen: Uneinigkeit, mangelnder Weitblick und fehlende diplomatische Sensibilität sind schwere Defekte, die wenigstens teilweise behoben werden könnten. Gewiß ist innere politische Zerrissenheit ein altes europäisches Erbübel, doch Plumpheit, unüberlegte Taktik, mangelndes Wissen über die elementaren Voraussetzungen politischen Handelns sind Schwächen, die erschreckend zunehmen.

Der Einfluß Europas wurde durch die weltweite Verbreitung seiner technischen Zivilisation, die fast allen Menschen auch in den fernsten Gebieten erstrebenswert erscheint, so groß wie nie zuvor in der bisherigen Geschichte, aber dieser Einfluß ist unkontrollierbar und nicht mehr steuerbar. Er hat alle Völker der Erde aus ihren Traditionen gerissen und in einen dynamischen Entwicklungsprozeß einbezogen, dessen Verlauf nicht abzusehen ist.

Die kulturellen Inhalte, die zu dieser Zivilisation gehören, sind weitgehend in Vergessenheit geraten, sogar in Europa selbst. Sie müßten neu bewußtgemacht und in ihren heutigen Möglichkeiten genützt werden. Das Ideal Europa ist in allen seinen Aspekten heute aktueller als jemals zuvor.

Geschichte und Zukunft

Gegenwärtig sprechen viele Anzeichen dafür, daß im Bereich der europäischen Kultur das allgemeine Interesse an der Vergangenheit gewachsen ist. Bücher über Geschichte erreichen Massenauflagen, historische Themen in Film und Fernsehen gewinnen zunehmend an Beliebtheit. Museen geraten durch die steigenden Besucherzahlen in kaum erwartete Schwierigkeiten; die immer öfter veranstalteten historischen Ausstellungen sind überfüllt, die Restaurierung alter Gebäude und Plätze wird mit steigender Intensivität betrieben.

Diese Hinwendung zur Geschichte ist im Westen ebenso wie im Osten Europas zu beobachten, sie scheint durch die wechselseitige Konkurrenz sogar einen zusätzlichen Auftrieb zu erfahren. Nach dem Zweiten Weltkrieg wurden die zerstörten Städte im Westen und Osten anfangs so rasch wie möglich, mit den einfachsten Mitteln und ohne ästhetische Rücksicht, wieder aufgebaut, und das war begreiflich. Die Rekonstruktion der Warschauer Altstadt, die nach Dokumenten und Plänen, sogar nach Gemälden Canalettos wiedererrichtet wurde, galt als Ausnahme. Ebenso der historisch getreue Wiederaufbau eines Teils von Münster.

Später wurden in Italien, Frankreich, der Bundesrepublik Deutschland und Österreich unzählige Baudenkmäler auf vorbildliche Weise restauriert. Die meisten westlichen Staaten verschärften ihre Denkmalschutzgesetze, die Subventionen für die Pflege alter Gebäude führten oft sogar dazu, daß man nach dem Krieg flüchtig restaurierte Häuser in ihrem einstigen Aussehen wiederherstellte, auch wenn es sich dabei mitunter nur um die Wiedererrichtung alter Fassaden handelte. Was führte zu diesem neu erwachten Interesse für die Vergangenheit?

In den beiden deutschen Staaten kam es in bezug auf manche historische Themen zu einer regelrechten Konkurrenz, etwa anläßlich der Jubiläumsfeiern für Preußen oder Martin Luther, also zu Beginn der achtziger Jahre. Aufgrund der besonderen politischen Situation war der Streit um das Erbe verständlich, doch wäre er noch in den siebziger Jahren nicht zu erwarten gewesen. Sowohl die demokratische als auch die kommunistische Gesellschaft konzentrierten sich damals noch mit größtem Ehrgeiz auf die Zukunft, das Wachstum der Wirtschaft, den materiellen und politischen Wettbewerb, die Rüstung, so daß Themen der historischen Vergangenheit, die über die jüngere Zeitgeschichte zurückreichten, im Hintergrund blieben.

Zwar wußten die Machthaber der kommunistischen Staaten dank dem hohen Anteil an ideologischer Theorie innerhalb ihres politischen Systems, daß die Intellektuellen, die Schriftsteller und Geisteswissenschaftler auf die Gestaltung der gesellschaftlichen Entwicklung erheblichen Einfluß ausübten, doch wurde diese seit Marx bestehende Erkenntnis auf die unmittelbar nächsten Ziele angewendet. Der »Sozialistische Realismus« bezog sich auf das Vorbild des »positiven Helden« heute und morgen, und wenn man zurückblickte, dann auf die glorreiche Vergangenheit des Sozialismus und auf seine Siege, vor allem auf die Kämpfe gegen Hitler und den »Faschismus«, die heroisch dargestellt wurden und als Beispiele für Gegenwart und Zukunft gelten sollten.

In den westlichen Demokratien war nach dem Krieg der traditionelle europäische Humanismus wieder aufgelebt: durch die grauenvollen Ereignisse traten existentielle Fragen in den Vordergrund, man besann sich, allerdings nur vorübergehend, auf die humanistischen und christlichen Inhalte unserer Kultur. Diese Phase der Besinnung wurde bald von den Erfolgen des überraschenden Wirtschaftswachstums abgelöst und verschüttet. Nun folgte ein Abbau der humanistischen Bildung an Schulen und Universitäten, eine immer stärkere Ausrichtung auf funktionale Berufsinteressen.

Daß gegen Ende der siebziger Jahre im Bewußtsein der Öffentlichkeit durch ganz und gar demokratische Entwicklungen eine Änderung eintreten könne, wurde damals von kaum jemandem erwartet. Welche Motive waren es, die bald zu Besucherrekorden in den Museen führten, nachdem deren Direktoren jahrzehntelang über gähnende Leere geklagt hatten?

Der schwierige Roman Umberto Ecos »Der Name der Rose«, der mit seinen anspruchsvollen theologischen Spekulationen im Klostermilieu des Mittelalters einige Voraussetzungen erfordert, wurde in allen westlichen Ländern zu einem der meistverkauften Bücher. Zehn Jahre früher wäre er in den Regalen der Läden verstaubt und hätte bestenfalls einige qualifizierte Leser erreicht. Sogar das Fernsehen, in dem es zwar immer schon sentimentale historische Serien gegeben hatte, begann sich erstaunlich oft ernsthaft mit Themen der Vergangenheit zu befassen. Das allgemein ansteigende Interesse an Geschichte und damit auch an Zeugnissen früherer Lebensformen, früheren Denkens und Erlebens, an Werken der Architektur, der bildenden Kunst, der Musik und der Literatur konnte nicht ignoriert werden – wie war es zu dieser Entwicklung gekommen?

Niemand wird übersehen, daß es noch niemals zuvor so viel jedem verfügbare Information gab, und zwar nicht nur Information über gegenwärtige Ereignisse. Noch nie waren so viele vorbildlich gestaltete Bücher vorhanden, die Ergebnisse wissenschaftlicher Forschung über alle Epochen der Vergangenheit darlegen. Man kann zwischen strenger Wissenschaft und leicht lesbaren Werken wählen, viele erscheinen zudem als billige Taschenbücher in großen Auflagen. Kein Gelehrter der berühmten Bibliothek von Alexandria hätte von einem Bücherreichtum, wie er heute besteht, zu träumen gewagt. Unzählige große Bibliotheken stehen jedem kostenlos offen. Die Besucher von Museen und Kulturdenkmälern erwerben und studieren an Ort und Stelle hochqualifizierte Fachliteratur.

Die Fülle von Kunstbüchern, die durch Bild und Text über verschiedene Epochen und Stile informieren und auch den ästhetischen Eindruck im Sinn eines »imaginären Museums« (Malraux) vermitteln, wird immer reichhaltiger. Hochwertig ausgeführte Reproduktionen ermöglichen jedem, für wenig Geld ein Privatmuseum an seinen Zimmerwänden oder in Mappen anzulegen, sich damit zu umgeben, sich mit Hilfe von Reproduktionen auf die Betrachtung der Originale vorzubereiten und Einzelheiten genauer zu studieren.

In der Musik haben Schallplatten, Kassetten und Videobänder die Möglichkeit geschaffen, jederzeit zu Hause Konzerte zu veranstalten. Die Interpretationen der besten Dirigenten, Orchester und Sänger können miteinander verglichen und zum tieferen Verständnis beliebig wiederholt werden. Wer will, kann ohne Schwierigkeiten und mit nur geringem finanziellem Aufwand Abende, Tage, Wochen der einen und anderen historischen Epoche widmen, über sie lesen, sich ihre Dichtung vergegenwärtigen, ihre

Bilder betrachten, ihre Musik hören, ohne seine Wohnung verlassen zu müssen.

Unabhängig von der Banalisierung der Lehrpläne an den Schulen und Universitäten, entstand gerade durch die technischen Errungenschaften unserer Zivilisation eine Gegenbewegung, die man nicht erwartet hatte. Auch hier findet sich also die Auffassung bestätigt, daß der Mensch nicht immer so schlecht ist, wie viele meinen; zu seinen überaus nachteiligen Eigenschaften zählt allerdings, daß er die Vorzüge seiner Situation und jede positive Wendung innerhalb kürzester Zeit als selbstverständlich empfindet. Ist er von Kind an mit ihnen aufgewachsen, nimmt er sie überhaupt nicht wahr.

Hermann Lübbe beobachtet in seinen »Zeit-Verhältnissen« sehr genau: »Durch unsere Bemühungen, Vergangenes gegenwärtig zu halten, kompensieren wir belastende Erfahrungen eines Vertrautheitsschwundes, der mit der Dynamik der zivilisatorischen Evolution zunimmt.« An unserer Zukunft sei nur gewiß, daß sich die jeweilige Gegenwart in ihr immer rascher ändern werde. »Mit den Anstrengungen zur Vergegenwärtigung dieser Vergangenheit kompensieren wir die objektiv anwachsende Geschwindigkeit, mit der sie sich in unserer dynamischen Zivilisation von uns entfernt«, stellt Lübbe fest.

Dieser Versuch, durch die Bewahrung oder sogar Wiedererrichtung von Vergangenem das psychische Gleichgewicht zu erhalten oder zu gewinnen, ist verständlich und kann hilfreich sein, wenn er mit Genauigkeit und Ehrlichkeit unternommen wird. Sonst besteht die Gefahr, daß man sich auf eine Bühne voller in die Geschichte projizierter Illusionen stellt, seinen Problemen den Rücken kehrt und sich Tagträumen der Selbsttäuschung ergibt.

Aus der Betrachtung der Geschichte geht hervor, daß Friedensperioden selten waren, daß Sicherheit auf den Straßen, Beleuchtung, gefahrloses Reisen, Studien zu den Wunschträumen gehörten und daß der heutige Komfort jeden Arbeiter und manchen Arbeitslosen in bestimmter Hinsicht selbst im Vergleich zum Sonnenkönig privilegiert erscheinen läßt, der weder Fernsehen noch Radio, noch Telefon oder motorisierte Verkehrsmittel zur Verfügung hatte. Auch nur ein kurzer Rückblick auf die Geschichte läßt uns ermessen, worüber wir heute verfügen und wie vieles wir vergessen, weil es uns so selbstverständlich ist wie die Luft, die wir atmen.

Die heute deutlich feststellbare Wendung des Interesses zur Vergangenheit hin entspringt gewiß teilweise der Tatsache, daß die Gegenwart als beengend, als unbefriedigend, ja als hoffnungslos erlebt wird. Zweifellos ist die ambitionierte Befassung mit der Geschichte und die Erforschung früherer Lebensformen bei vielen ein Eskapismus, der allerdings oft erstaunlich hohes Niveau zeigt. Wird der Weltuntergang jahrzehntelang angekündigt, steigt das Bedürfnis nach anderen Themen.

Ideale, von denen man heute weit entfernt zu sein scheint, wie Frieden, Sicherheit, Geborgenheit, Ruhe, heile Welt werden in früheren Jahrhunderten gesucht, allerdings – bei ehrlichem Suchen – nicht gefunden. Der Ertrag des großen Ausflugs in die Geschichte ist im Gegenteil gerade die Erkenntnis, daß die Welt der Ägypter, der Assyrer, der Griechen und Römer, des karolingischen Reichs, die glanzvollen Epochen Frankreichs, wie auch die Monarchie Kaiser Franz Josephs für die Nichtprivilegierten und oft auch für die Privilegierten äußerst unbequem und gefährlich waren: wenn nicht durch Kriege, so durch Epidemien, durch unzählige Krankheiten, die wir oft nicht einmal mehr dem Namen nach kennen.

Armut und Hunger bestimmten den Alltag einer erschreckend großen Anzahl von Menschen auf eine Weise, wie wir dies heute noch in manchen Entwicklungsländern Afrikas und Asiens sehen. Der Arbeitstag umfaßte meist sechzehn Stunden, Feiertage und Freizeit gab es kaum. An Alterssicherung und Krankenschutz war überhaupt nicht gedacht, die sozialen Verhältnisse, die Rechtlosigkeit der mit ihren Händen Arbeitenden waren für das heutige Verständnis unvorstellbar, obwohl unzählige Forschungen, Bücher, Ausstellungen bemüht sind, auch diese Seite der Vergangenheit zu zeigen. Solche Fakten dürfen nicht vergessen werden.

Was richtig verstandene Geschichtsbetrachtung uns näherbringen kann, ist das Ideal der Erkenntnis. Man bricht auf, um eine bessere Welt zu finden und erkennt die eigene Welt besser. Nicht viele, wenn sie ernsthaft vor die Wahl gestellt wären, würden unsere Zivilisation gegen eine frühere Epoche eintauschen.

Historische Fakten sind auch aus weiter Zeitdistanz realistisch einschätzbar: wenn bei der Eroberung alter Kulturstädte in Babylonien, Assyrien, Israel die gesamte Bevölkerung von mehreren zehntausend oder auch hunderttausend Einwohnern entweder getötet oder in die Sklaverei verschleppt wurde, so kann es keine sehr unterschiedlichen Beurteilungen dessen geben, was diese Menschen dabei empfanden.

H. G. Wells' Satz: »Geschichte ist rückwärtsgewandte Prophetie« kann nur dort als richtig gelten, wo Subjektivität absolut gesetzt, wo ein wunschtraumartig täuschendes Ideal bewußt oder unbewußt mit historischen Elementen, Bühnenbildern, Versatzstücken konstruiert wird. Die Gefährlichkeit solcher Inszenierungen liegt in der Verwechslung von Spiel und Wirklichkeit, die jede ernsthafte Erkenntnis verhindert.

Aus der Geschichte habe man noch nie gelernt? Der Zynismus einer solchen Behauptung sollte gerade bei der realistischen Darstellung der Vergangenheit klar werden. Ein einziger Tag, gelebt im Milieu der überwältigenden Mehrheit im Europa früherer Jahrhunderte, würde uns anders denken lassen. Dazu sei noch ein konkretes Beispiel aus der jüngeren Vergangenheit, das ich schon früher angeführt habe, wiederholt: während die Siegermächte nach dem Ersten Weltkrieg die unterlegenen Staaten durch grausame Reparationen bestraften und damit sowohl diese als auch bald darauf sich selbst in eine die Welt erschütternde Wirtschaftskrise stürzten, verhielten sie sich nach dem Zweiten Weltkrieg ganz anders. Man hatte erkannt, daß die damalige wirtschaftliche Katastrophe an Hitler und dem Zweiten Weltkrieg entscheidend mitschuld war. Durch den Marshall-Plan wurde nach Beendigung des Krieges die Wirtschaft im demokratischen Europa wieder aufgebaut, statt Hunger, Arbeitslosigkeit, politischen Unruhen gab es das sogenannte Wirtschaftswunder.

Wer konkret denkt, wenn er sich mit der Geschichte befaßt, zieht daraus konkreten Gewinn; er wird Jaspers zustimmen, der in seinem Werk »Vom Ursprung und Ziel der Geschichte«, das sich mit der Sinnfrage historischer Vorgänge auseinandersetzt, schreibt: »Wohin ich gehöre, wofür ich lebe, das erfahre ich erst im Spiegel der Geschichte.«

Diese Erfahrung ist geeignet, zur Mäßigung heutiger Emotionen zu lenken. Jedenfalls wird eine grundsätzliche Distanz zum Heute für die Beurteilung eigener Ängste von Nutzen sein. Weder geht es uns so gut, wie manche Fortschrittsoptimisten sich immer noch einreden, noch leben wir in jener Hölle, die enttäuschte Fortschrittsgläubige wahrzunehmen meinen. Wie viele Abermilliarden Menschen haben auf dieser Erde bereits gelebt? Die Geschichte läßt uns darüber nachdenken und mit Vorsicht einschätzen, wie wenig und wie viel wir selbst bedeuten.

Gleichzeitig mit den zunehmenden Zeichen des Interesses für die Vergangenheit finden wir auch Symptome, die eine steigende Faszination der Zukunft anzeigen. Dies betrifft außer den politischen auch die wissenschaftlichen oder literarischen Prognosen für unsere künftige Welt. Bücher über wirtschaftliche, technische, biologische Zukunftsentwicklungen, Modelle verschiedener Zukunftsvisionen, Symposien, Diskussionen, TV-Sendungen, Vorträge im Radio, Aufsätze in den Massenmedien erreichen ein enormes und weiter anwachsendes Publikum. »Science fiction« ist zu einer exotisch blühenden Literaturgattung geworden, und sogar Autoren von so hoher Intellektualität und philosophischer Hintergründigkeit wie Stanislaw Lem erzielen Riesenauflagen in vielen Sprachen, weil sie sich mit Ereignissen beschäftigen, die wir vielleicht zu erwarten haben.

Die Zukunft kann allerdings im Gegensatz zur Vergangenheit keine konkreten Erkenntnisse, sondern naturgemäß nur Ansätze zu Spekulationen bieten, die bestenfalls mit Hochrechnungen und Wahrscheinlichkeitskalkülen gestützt werden können. Gerade die Beobachtung des Geschichtsverlaufs und der lebendigen Gegenwart belegt, wie wenig künftige Entwicklungen vorauszusagen sind. Das Wort »Zukunftsforschung« ist ein merkwürdiges Gebilde, da seriös nur über Vorhandenes zu forschen ist. In der technischen Entwicklung ist mancherlei absehbar, in der wissenschaftlichen Forschung bereits weitaus weniger, und die Art der Anwendung ihrer Erkenntnisse durch die Menschen ist mit keiner ernsthaften Prognose vorauszusagen.

Wann begann überhaupt die grundsätzlich starke Zukunftsorientierung der europäischen Kultur? In der frühen Antike war die Beziehung zu Vergangenheit und Zukunft mythologisch. Hesiod und Homer geben anschauliche Beispiele.

Toynbee weist in seinem Werk »Der Gang der Weltgeschichte« darauf hin, daß Xenophon im 4. Jahrhundert vor Christus, als er mit dem Heer des jüngeren Kyros den berühmten Marsch vom Tigris nach Trapezunt am Schwarzen Meer mitmachte, vom assyrischen Reich keine Ahnung mehr hatte. Er sah mit Staunen die gewaltigen verlassenen Ruinen von Ninive und Kalach, konnte aber von niemanden mehr Informationen über diese einst gewaltigen Städte erhalten, nicht einmal den Namen Assyrien erfahren – obwohl zweihundert Jahre vorher ganz Südwestasien von Jerusalem bis zum Ararat, von Elam bis Lydien von diesem Staat beherrscht und terrorisiert worden war. Die damalige Welt hatte, wie Toynbee schreibt, »keine Beziehung zur wirklichen Geschichte«.

Die Beziehung der frühen griechischen Antike zur Vergangenheit war eben eine vorwiegend mythologische und zeigte im Unterschied zu späteren Epochen eine heute oft übersehene Besonderheit: die Menschen glaubten, das Goldene Zeitalter liege weit *zurück*, nämlich am Anfang der Menschheitsentwicklung. Die nachfolgenden Ereignisse galten als Abstieg, sie bewegten sich in zyklischer Wiederkehr auf immer tieferem Niveau, ohne daß an eine Aufwärtsentwicklung zu denken war. Die Geschichte bestand nach antiker Auffassung aus Machtkämpfen, aus Unternehmungen, die politische und wirtschaftliche Überlegenheit erzwingen wollten; ihre wechselhaften dramatischen Geschehnisse hielten sich durch ständigen Kreislauf in einem statischen Gleichgewicht, das dem Willen der Götter, dem Fatum – oder aber der skeptischen Vernunft unterworfen war.

In der ägyptischen Kultur erschien überhaupt das irdische Dasein unbedeutend: die Hierarchie der Weltordnung bleibt unveränderbar, die irdischen Jahre müssen dem Gesetz gemäß überstanden werden, und erst im Jenseits beginnt das eigentliche Leben. Den Griechen bedeutete die Gegenwart alles, den Ägyptern dagegen das Jenseits; beide empfanden die irdische Zukunft als fremde Kategorie.

Das änderte sich mit dem Aufkommen des Christentums. Zwar gab es auch hier das Paradies am Beginn der Menschheit – aber die Vertreibung aus dem Paradies nach der Übertretung des göttlichen Verbotes, den Apfel der Erkenntnis zu pflücken, ließ die Entwicklung überhaupt erst beginnen. Der Sündenfall des Menschen verhinderte nicht, daß die Welt die Schöpfung Gottes bleibt. Gott sah: »Es war sehr gut.«

Im ersten Buch Moses steht zu lesen: »Gott schuf den Menschen nach seinem Ebenbilde... Und Gott segnete sie und sprach: wachset und mehret euch und erfüllet die Erde und macht sie euch untertan und herrschet über die Fische des Meeres und über die Vögel des Himmels und über alle Tiere, die sich regen auf der Erde...« Diese Worte des Alten Testaments sind jüdische Tradition, doch ohne die Verbreitung und Wirkung der christlichen Bibel hätten diese Sätze nicht jenen historischen Einfluß ausgeübt, den wir kennen.

Bei Jesus Sirach finden wir: »Der Herr... gab ihnen (den Menschen) Macht über alles auf der Erde« (17,2). Und damit die Richtung nach vorn außer Zweifel steht, finden wir bei Jesaja die später so folgenreiche »Ankündigung des messianischen Reiches«, wo es unter anderem heißt: »Der Geist des Herrn läßt sich nieder... Gerechtigkeit ist der Gürtel um seine Hüften, Treue der Gürtel um seinen Leib. Dann wohnt der Wolf beim Lamm, der Panther liegt beim Böcklein. Kalb und Löwe weiden zusammen... ihre Jungen liegen beieinander. Der Löwe frißt Stroh wie das Rind. Der Säugling spielt vor dem Schlupfloch der Natter, das Kind streckt seine Hand in die Höhle der Schlange. Man tut nichts Böses mehr und begeht kein Verbrechen...« (11,2–9).

Die Assoziation dazu in manchen Schriften von Marx, etwa in der »Deutschen Ideologie«, ist nicht zu übersehen. Was allerdings bei Marx und vielen anderen sozialen Utopisten in Verlust geriet, waren die bei Jesaja nachfolgenden Sätze: »...denn das Land ist erfüllt von der Erkenntnis des Herrn, so wie das Meer mit Wasser gefüllt ist.«

Die in die Zukunft gerichtete Kraft des Alten Testaments läßt sich durch unzählige Textstellen belegen: »Ja, vergessen sind die früheren Nöte, sie sind meinen Augen entschwunden. Denn schon erschaffe ich einen neuen Himmel und eine neue Erde« (Jesaja 65,16). Das »Neue Jerusalem« wird ein Symbol der Erwartung: »Du Ärmste, vom Sturm Gepeitschte, die ohne Trost ist, sieh her: ich selbst lege dir ein Fundament aus Malachit und Grundmauern aus Saphir. Aus Rubinen mache ich deine Zinnen, aus Beryll deine Tore und alle Mauern aus kostbaren Steinen... Du wirst auf Gerechtigkeit gegründet sein. Du bist fern von Bedrängnis, denn du brauchst dich nicht mehr zu fürchten und bist fern von Schrecken... Ich habe den Schmied erschaffen, der das Kohlenfeuer entfacht und Waffen erzeugt... Keine Waffe wird etwas ausrichten, die man gegen dich schmiedet...« (Jesaja 54,11–17). Immer wieder gibt es prophetische Aufrufe, zu streben, zu handeln, zu reden, um der »verherrlichten Stadt Gottes« näher zu kommen. Ebenfalls bei Jesaja: »Um Zions willen kann ich nicht schweigen, um Jerusalems willen nicht still sein, bis das Recht in ihm aufstrahlt wie ein helles Licht und sein Heil aufleuchtet wie eine brennende Fackel.« Zur Bestärkung aller dieser Rufe werden die Worte des Psalmisten: »Wenn ich dich je vergesse, Jerusalem, dann soll mir die rechte Hand verdorren« (137).

Das Neue Testament wirkt im Vergleich zu dieser Dynamik wie ein Bremsvorgang, wie die Verbreitung von Ruhe zur Darstellung des einzelmenschlichen Lebens aus einer Haltung des Verzeihens, der Güte, der Liebe. Nicht mehr die allgemeine irdische Gerechtigkeit und die Erfüllung des Gesetzes waren nun das Wichtigste, sondern die göttliche Gnade. Der Mensch wurde als unmittelbarer Dialogpartner des fordernden und zürnenden Gottes entlassen. Christus sprach zu ihm wie mit seinesgleichen, als ein Mensch, der litt, der verhöhnt, ja sogar gekreuzigt wurde. Das Schicksal dieses Christus war ein menschliches Schicksal, sogar ein besonders elendes; dennoch war er Logos, Wort Gottes.

Zwar findet man bei Paulus die Worte: »Neu sollt ihr werden in Geist und Gesinnung, um den neuen Menschen anzuziehen, der nach Gott geschaffen ist in wahrer Gerechtigkeit und Heiligkeit« (An die Epheser, 4,23). Doch der Ton, die Orientierung dieser Sätze sind anders. Es heißt weiter: »Kein böses Wort komme aus eurem Mund, sondern nur ein gutes, das erbaut, wo es nottut, damit es denen, die es hören, Segen bringe... Jedwede Art von Bitterkeit, Groll, Zorn, Lärm und Lästerung sei fern von euch... Seid gütig zueinander, barmherzig und verzeiht einander...« Der Akzent liegt anderswo, etwa auf den im gleichen Abschnitt stehenden Worten: »So ermahne ich euch denn, ich, der Gefangene im Herrn (im römischen Kerker), wandelt würdig der Berufung, mit der ihr gerufen wurdet, in aller Demut und Milde, in Geduld, einander in Liebe ertragend« (Epheser, 4, 1, 2).

Das Christentum verbreitete das Alte und das Neue Testament, und viele Christen gerieten oft stärker unter den Einfluß des Alten Testaments. Schon Thomas Münzer, Jan van Leiden (Bockelson) und Calvin hörten vor allem auf die Prophetie des »Neuen Jerusalem«, des »Neuen Zion« und versuchten, eine solche Vision schon auf Erden zu verwirklichen. Bei allen waren unzählige Hinrichtungen die Folge, bei den erstgenannten überdies das allgemeine Chaos.

Die Kirche wandte sich gegen alle Versuche, das Reich Gottes bereits hier und jetzt zu etablieren: die Bischöfe und Kardinäle wußten aus ihrer Kenntnis der Welt, aber auch aus der Lektüre der antiken Klassiker, deren Werke in den Klöstern abgeschrieben und der Menschheit dadurch erhalten worden waren, vor allem aber aus dem Neuen Testament, daß die Realisierung des Paradieses auf Erden ein erfolgloses Unternehmen sei und zu Katastrophen führen müsse.

Seit dem Frühchristentum hatte sich die Kirche gegen Extreme gewehrt: sie ging gegen die gnostischen und manichäischen Tendenzen vor, die in der Welt eine Hölle, das Werk des Gegengottes, des Teufels, des Demiurgen sahen, und ebenso gegen jene, die meinten, unsere Welt sei geeignet, in das Paradies verwandelt zu werden. Das Paradies liegt im Jenseits, denn im Diesseits tragen die Menschen an der Erbsünde. So predigte Christus maßvolle Distanzierung vom irdischen Geschehen: »Gebt dem Kaiser, was des Kaisers ist, und Gott, was Gottes ist« (Markus 12,17).

Nicht das »Neue Jerusalem«, die »Stadt Gottes«, das »Neue Zion« sind die Forderungen des Neuen Testaments. Der Ton wird vielmehr bestimmt durch den Aufruf zu Demut, Verzeihen, Nächstenliebe, und dieser Ruf richtet sich nicht – wie im Alten Testament – an ein bestimmtes Volk, sondern an den einzelnen Menschen, unabhängig von Rasse, Stand oder Volk: »Da gilt nicht mehr Jude und Hellene, nicht Sklave und Freier, nicht Mann und nicht Frau; denn alle seid ihr eins in Christus« (Galater 3,28). Diese Worte des Paulus waren zwar ebenfalls zukunftsorientiert, jedoch in ganz anderem Sinn als man es im Alten Testament gehört hatte.

Oswald Spengler betont – ähnlich wie Toynbee – in seinem in mancher Hinsicht anfechtbaren Werk »Der Untergang des Abendlandes«, daß das »Gedächtnis des antiken Menschen etwas anderes gewesen sei als das unsere«, weil »Vergangenheit und Zukunft als ordnende Perspektiven im Wachsein fehlen«, zugunsten einer »reinen Gegenwart«, deren »größtes Symbol die dorische Säule« sei. Sie stelle »in der Tat eine *Verneinung der Zeit* (der Richtung) dar«. Für Herodot, Sophokles, Themistokles habe die Vergangenheit »alsbald einen zeitlos ruhenden Eindruck von *polarer*, nicht *periodischer* Struktur« angenommen. Spengler unterstreicht: »Was der Grieche Kosmos nannte, war das Bild einer Welt, die nicht *wird*, sondern *ist*. Folglich war der Grieche selbst ein Mensch, der niemals *wurde*, sondern immer *war*.«

Die nur approximative Zeitangaben zulassenden Sonnenuhren, Wasseruhren, Sanduhren der Antike hatten nur geringen Einfluß auf den Alltag. Erst die mechanischen Uhren, die in den christlichen Klöstern zur zeitlichen Einteilung von Gebet und Arbeit verwendet wurden, griffen in das Leben ein: »Deren Tag und Nacht von zahllosen Türmen über Westeuropa hin hallende Schläge«, so schreibt Spengler, sind »vielleicht der ungeheuerste Ausdruck, dessen ein historisches Weltgefühl überhaupt fähig ist«. Um das Jahr 1000 hatte Abt Gerbert die mit einem Schlagwerk kombinierten Räderuhren erfunden.

Das antike Lebensgefühl war also recht verschieden von jenem des späteren christlichen Menschen, der sich stets im Werden, in einer Entwicklung, im Zeitablauf sieht – er kommt aus einer Vergangenheit und geht auf eine Zukunft zu.

Vergangenheit, Gegenwart, Zukunft sind bereits Ordnungsprinzipien eines bewußten Lebens. Der Begriff Geschichte selbst verdeutlicht diesen höheren Bewußtseinsgrad. Unser Geschichtswissen kann nie alles Vergangene umfassen. Selbst bei größter Genauigkeit und bemühter Objektivität werden wir stets nur einen kleinen Ausschnitt wahrnehmen, der von der jeweils eingenommenen Position des Betrachters abhängt. Wir sind aber imstande, diesen Ausschnitt, und damit unser Bewußtsein, zu erweitern.

Geschichte ist wahrgenommene Vergangenheit, eine Vergangenheit, in welche Gegenwart und Zukunft eingehen. Zukunft ist die Gegenwart von morgen und die Geschichte von Übermorgen: Geschichte als Zukunft der Zukunft. Man kann aus der Geschichte die Zukunft nicht erfahren, sind wir doch nicht einmal fähig, die Gesamtheit des Vergangenen zu erfassen – all dies überschreitet die irdische Möglichkeit.

Dennoch steht uns die Möglichkeit offen, unser Wollen auf ein Ideal zu richten und Vorbereitungen zu treffen, die eine Annäherung erreichen lassen. Die geschichtliche Erfahrung hilft uns, in der Gegenwart die richtigen Entscheidungen zu treffen und auszuführen. Diese Erfahrung zeigt uns, daß es der Sündenfall unserer Epoche war, religiöse Paradiesvorstellungen als erreichbare Wirklichkeit unserer Zukunft zu verkennen. Aber der nach den darauf folgenden Katastrophen aus Enttäuschung aufgekommene Nihilismus ist nichts anderes als der zweite Teil dieses Sündenfalls.

Kunst als Bereich der Ideale

Ob wir vor einer Kathedrale oder vor einem Bild Picassos stehen, ob wir die »Ilias« oder die »Vier Quartette« von T. S. Eliot lesen, ob wir Gregorianische Choräle oder Schönberg hören, wir begeben uns in eine Sphäre, die über die Wirklichkeit hinausreicht. Wir gehen oder verweilen zwar im Hier und Jetzt, in der praktischen Realität, erweitern aber unser Leben in eine Dimension, für die unser Alltagsbewußtsein nur der Ausgangspunkt ist.

Auch wenn man dies nach einem Blick auf das heutige Kunstschaffen vorerst bezweifeln möchte: die neue Dimension ist jene der Ideale. Wir sind gewohnt, im ästhetischen Bereich diese Dimension als Kunst zu bezeichnen. Wir verlassen das reale Schwerkraftfeld und betreten das Gebiet einer neuen Freiheit.

Von Kunst im Sinn einer bewußten Ästhetik spricht man erst seit dem 18. Jahrhundert, und diese Tatsache ist ein Indiz: die Schöpfer von Kunstwerken waren bis dahin tief in der täglichen Realität verwurzelt und faßten ihr Schaffen nicht als ein von ihr abgetrenntes Tun auf. Die Erbauer der griechischen Tempel, die Bildhauer der antiken Figuren, der mittelalterlichen Heiligengestalten in den Kirchen, die Maler in den damaligen Klöstern, aber auch jene an den Höfen der Renaissance und des Barock, ja selbst die Künstler des 19. Jahrhunderts sahen sich noch als Männer, die für sehr reale Notwendigkeiten arbeiteten, als Handwerker, Innenarchitekten, Priester, Zeremonienmeister oder Historiker.

Der religiöse Glaube war in der Antike und in Europa bis zur Barockzeit ein das Alltagsleben durchdringendes Faktum – die Agora, die Olympischen Spiele, die Palästra, ebenso die Paläste der Renaissancefürsten und späterer Herrscher zeugen dafür. Das im Sinn einer »gottgegebenen« Ordnung strukturierte Leben der Gemeinde, der Stadt und des Staates sollte symbolisch verdeutlicht und künstlerisch gestaltet werden: die Kathedrale war das neue Jerusalem, der Palazzo Vecchio das ideale Zentrum irdischer Macht, die Piazza pubblica der ideale Ort für Volksversammlungen, das holländische Bürgerhaus mit seinen Brueghels, Frans

Hals, Rembrandts, Vermeers die ideale Wohnstatt für den welterfahrenen Kaufmann. Allerdings: in diesen mit der täglichen Lebensrealität verschmolzenen Gestaltungen, Figuren und Bildern wurde, auch wo dies heute nicht immer merkbar ist, ein die Natur überhöhendes Ideal anvisiert.

Die Tatsache, daß in jenem Bereich, den wir heute als Kunst bezeichnen, die Grenze der Realität aufgebrochen und durch Idealisierung erweitert wurde, hatte Folgen nach zwei Seiten: Platon machte den Anfang, indem er in der künstlerischen Tätigkeit – die noch lange nicht so hieß – sowohl eine Gefahr als auch ein mögliches Instrument der politischen und gesellschaftlichen Propaganda sah. In seinem berühmten Dialog »Der Staat« schrieb er furchtbare Worte über die Lügen und Verwirrungen der Dichtung, betonte aber gleichzeitig, daß sie auch geeignet sei, die Bürger in dem von der Regierung gewünschten politischen Sinn zu beeinflussen.

Das frühe Christentum war vorerst kunstfeindlich, da Statuen, Mosaiken und Fresken als typische Zeichen des Heidentums galten. Bei Tertullian und Origenes sind schärfste Angriffe auf bildliche Darstellungen zu lesen, auch auf jene mit christlicher Thematik. Erst Plotin, der zwar selbst nicht getauft war, doch dem Christentum nahestand, initiierte eine Wendung, die für die spätere Blüte der christlichen Kunst von größter Bedeutung werden sollte.

Er entwickelte Platons Ideenlehre weiter und arbeitete sie für jenen Bereich aus, den wir heute als Kunst bezeichnen. Für ihn ist die Schönheit des Irdischen ein Abglanz des Himmlischen. Schönsein bedeutet »Teilhaben an der Idee«. Was nicht teilhat an Logos und Eidos (der Idee), bleibt häßlich. Die Kunst hilft, durch Anschauung zur Vereinigung »mit Ihm selbst«.

Bei Plotin und in der späteren christlichen Kunst, die weitgehend seine Gedanken zur Grundlage hat, ist die Vorstellungskraft entscheidend, die dem Künstler erlaubt, die Idee zu schauen. Der Nous, der Geist, ist ausschlaggebend.

In den »Enneaden« heißt es: »Allein, was ist es, wodurch sie schön sind? Nun, es ist der Geist; sie sind schön, weil der Geist in ihnen in höherem Grade Wirkungskraft übt, so daß er sichtbar wird« (31,3,21). Plotin drückt sich erstaunlich modern aus, wenn er vom »Sein« schreibt, das für ihn freilich mit dem Göttlichen verbunden ist: »Jene Kraft dort oben... hat reines Sein und reines

Schönsein, denn wo wäre das Schöne, wenn es des Seins beraubt wäre? Und wo wäre das Sein, wenn es des Schönseins beraubt wäre? Denn indem es ihm am Schönen fehlte, würde es ihm auch an Sein ermangeln.« Das Sein »ist Gegenstand des Begehrens, weil es mit dem Schönen identisch ist, und das Schöne reizvoll, weil mit dem Sein« (31,9,62).

Die Kunst ist, nach Plotin, dazu da: »Das Sehende dem Gesehenen verwandt und ähnlich zu machen; ... kein Auge könnte je die Sonne sehen, wäre es nicht sonnenhaft[1]; so sieht auch keine Seele das Schöne, welche nicht schön geworden ist. Es werde also einer zuerst ganz gottähnlich und ganz schön, wer Gott und das Schöne schauen will.« (1,8,43) Der Künstler kann durch das Darstellen seiner Anschauung dem Betrachter auf diesem Weg helfen: »Dann wird er« – der Anschauende – »im Emporsteigen zuerst zum Geist gelangen und wird dort schöne Formen sehen und sagen, das sei die Schönheit: die Ideen; denn durch sie ist alles schön, sie sind die Erzeugnisse des Geistes und der Seinsheit.«

Ein Satz Plotins weist deutlich auf die spätere Ikonenmalerei hin, die nicht darstellen, sondern das Dargestellte – die Heiligen, das heilige Geschehen – tatsächlich *sein* wollte. Man glaubte, die Ikonen seien, »wie dort oben«, »Bilder, die nicht gemalt sind, sondern seiend«.

Der Geist, der das Sein und das Schöne gleichermaßen erfüllt, erscheint als Licht: »Es gibt kein Dunkles, Widerständiges, sondern ein jeder und jedes ist für jeden sichtbar bis ins Innere hinein; denn Licht ist dem Licht durchsichtig« (31,4,25). Durch das Licht nähert man sich dem Schönen und damit dem Sein: »Jedes ist Alles, das Einzelne ist das Ganze, und unermeßlich ist das Leuchten.«

Steht man unter der Kuppel der Hagia Sophia, wird man sich an diese Worte erinnern: die Wölbung der Kuppel schließt den Raum nicht ab, sondern wirkt in ihrer Transparenz wie eine Öffnung nach oben. Das seitlich eindringende Licht zerstäubt die Mauern in eine Erscheinungsform des Nous, des Geistes. Erreicht wird das Verschweben der Materie durch ein Netz von Lichtstrahlen. Sie fallen durch den Fensterkranz ein, der den massiven Mauerring aufreißt, auf dem hoch oben die riesige Kuppel ruht. Der feine Lichtstaub löst die festen Konturen auf.

1 Diesen Satz übernahm Goethe fast wörtlich in seine »Zahmen Xenien«. Auch an Schillers Ästhetik wird man erinnert.

Auf ganz andere Weise folgte Abt Suger von Saint-Denis mit der Idee der gotischen Kathedrale Plotins Gedanken: die Mauern wurden durch hohe Spitzbogenfenster durchbrochen, die steinernen Stützmauern als sogenannte »Dienste« nach außen verlegt, aus farbigem Glas leuchtende Bilder geschaffen. Auch hier verwandelt sich die Welt in Licht, Geist und reines Sein.

Die Kunst entwickelte sich langsam zu einer immer wichtiger werdenden Komponente der christlichen Lehre. Man findet schon im 3. Jahrhundert eine ausgemalte Taufkapelle in Dura Europos, und seit damals mehren sich die Bilder. Kaiser Konstantin bewirkte durch die Anerkennung des Christentums als Staatsreligion und die Errichtung großer Sakralbauten bald einen merkbaren Aufschwung der Künste.

Den stärksten Impuls gaben die Kappadokier. Gregor von Nazianz verteidigte die »heidnische Bildung« und damit die Kunstwerke. Auch Gregor von Nyssa und Esilius hielten die bildliche Darstellung für wichtig und setzten sich dafür ein, daß sie »zum Nutzen« der christlichen Religion verwendet werde. In Kappadokien wurden die theologisch entscheidenden Schritte zur Integration der Künste in die christliche Lehre vollzogen.

Ohne eine derart fanatische, auf Theorie gestützte Gegenbewegung entwickelte sich die Kunst auf dem christlichen Boden des Westens. Die Katakomben – Priscilla, Domitilla, San Pietro e Marcellino in Rom – sind voller herrlicher Fresken aus dem 3. Jahrhundert. Die Mosaiken von Santa Constanza, Santa Pudenziana, ebenfalls in Rom, und jene der Basilika in Aquileia, alle aus dem 4. Jahrhundert, sind von antiker Feinheit, jedoch von christlichem Geist beseelt. Santa Maria Maggiore enthält Mosaikbilder von bewegter Lebendigkeit aus dem 5. Jahrhundert.

Die byzantinische Kunst entfaltete sich, ohne den im Osten ausgebrochenen Bildersturm, in Ravenna. San Vitale, San Appolinare Nuovo und das Grabmal der Galla Placidia, ebenfalls aus dem 5. Jahrhundert, gehören mit ihren Mosaiken zu den Höhepunkten künstlerischer Gestaltung überhaupt. Die herrlichen Miniaturen im irischen Book of Kells vom Ende des 8. und Anfang des 9. Jahrhunderts zeigen, wie weit sich die christliche Kunst bis an den nordwestlichen Rand Europas verbreitet hat. Dennoch war ihr Weiterbestand im Osten gefährdet, immer wieder wurden dort bedeutende Werke zerstört und Versuche unternommen, diese Kunstfeindlichkeit auch in den Westen zu tragen.

Aus christlichen und heidnisch-orientalischen Überlieferungen entstand die Gralslegende, die Chrétien de Troyes um 1180 gestaltet hat. Die Artusrunde der auserwählten, nach Vollkommenheit strebenden Ritter, Parzival, der Abendmahlskelch mit dem vergossenen Blut Christi, und bei Wolfram von Eschenbach sogar eine Verschmelzung des Gralsstoffes mit der Idee vom Stein der Weisen, sind hier zu finden. Es gibt wenige Dichtungen, die von Idealen so tief durchdrungen sind, wie die Gralslegenden.

Der Kampf innerhalb des Christentums um die Haltung den Künsten gegenüber dauerte lange an. Er spielte bei der Beurteilung von Häresien eine wichtige Rolle. Noch lange verdammten viele Mönche in den Eremitagen und Wüstenklöstern die Bilder und Statuen mit religiösen Motiven und überhaupt jede künstlerische Tätigkeit – all das sei Übermut, Frevel, eine Falle des Teufels. Heerscharen fanatischer Mönche zogen gegen Byzanz, um dort die Paläste und Bilder zu zerstören. Der »Bilderstreit« wurde zu einem Politikum ersten Ranges.

Die Gegenposition wurde von jenem Teil der Christenheit vertreten, der die Bilder und Darstellungen als »Biblia pauperum« erkannte und der Kunst für die Verbreitung und Auslegung der Evangelien größte Bedeutung zuschrieb. Beide Auffassungen sind in Ansätzen schon in Platons »Staat« umrissen, sie ziehen sich in verschiedenen Varationen durch unsere gesamte Geschichte, ihre Ausläufer reichen bis in die Gegenwart.

Heute kann man sagen, daß die künstlerischen Darstellungen für die christliche Religion und Kultur entscheidend waren. Das christliche Europa und sein kultureller Einfluß auf die übrige Welt wären ohne die Kunst nicht vorstellbar. Die Ikonen, die Hagia Sophia, die romanischen Kirchen mit ihren Figuren, die gotischen Kathedralen, die illuminierten Handschriften, dies alles verschmolz zu einer Einheit mit dem religiösen Erleben.

Die protestantischen Bilderstürmer und die häretischen Neuerer des Christentums hingegen verwüsteten später wiederum anschauliche Darstellungen, Ornamentik und Prachtentfaltung. Sie sahen in ihnen illegitime Deformationen der Realität, die Vortäuschung einer falschen Wirklichkeit, den Aufruf zu Idealen, die man so billig als Illusion an der Wand nicht haben durfte.

Revolutionäre wie Thomas Münzer, Zwingli, Johann von Leiden und Calvin waren der Anlaß, daß unzählige Bilder vernichtet wurden. Sie machten sich daran, die idealisiert dargestellten Bildinhalte *hier und jetzt* zu verwirklichen: das ideale Jerusalem, das neue Zion sollten nicht als Fresko an der Kirchenwand zu sehen sein, sondern in Städten, Dörfern oder Klöstern von den Menschen gelebt werden. Zur Enttäuschung vieler führte dieses Vorhaben zu Schreckensszenen und Zwangsgesellschaften.

Damals gab es alarmierende Bestätigungen für eine früher schon zitierte Erkenntnis Pascals, die sich bis in unsere Gegenwart noch oft auf grauenvolle Weise bewahrheitete: »Der Mensch ist weder Engel noch Tier, und das Unglück will, daß, wer ihn zum Engel machen will, ihn zum Tier macht« (»Pensées« X, 13).

Die katholische Gegenreformation setzte nun die Kunst noch raffinierter für ihre Strategie ein: barocker Prunk, architektonische Effekte, das Theater mit seiner populären Breitenwirkung beweisen die überragende Rolle der Kunst in der katholischen Kirche.

In einer Epoche der Selbstreflexion, zu der Pascal, Descartes, Hobbes, Hume auslösende Impulse gegeben hatten, wurde aber der Versuch als immer notwendiger empfunden, die konkrete Realität gegen jene bildnerisch dargestellte oder komponierte, phantasievolle Idealisierung abzugrenzen und darauf hinzuweisen, daß es sich dabei um etwas grundsätzlich anderes handle: in der Mitte des 18. Jahrhunderts – vor allem in Alexander Gottlieb Baumgartens Werk »Aesthetica« (1750) – entstanden eine Kunstästhetik und ein Kunstbewußtsein, wie sie in solcher Eigenständigkeit bisher nicht vorhanden gewesen waren.

Gewiß zerfiel nun die bruchlose Einheit von Leben und Kunst, die von heute her gesehen oft so idyllisch oder grandios wirkt. Durch rationale Reflexion versuchte man deutlich festzulegen, wo die Realität aufhört und der Bereich des Idealen beginnt: wir leben hier und jetzt und können die eine oder andere Verbesserung durchführen, nicht mehr. Dort oben an der Wand sehen wir das neue Jerusalem, die ideale Stadt, die ideale Landschaft, das ideale Dasein. Auf der Erde werden wir es nie erreichen.

Für die Erstellung einer Topographie der Ideale ist eine Überschau über das Problem des Ideals in der Kunst eine der wichtigsten Voraussetzungen.

Die Kunst war anfangs also eine idealisierende Überhöhung der Wirklichkeit, jedoch als Glaubenswirklichkeit, erreichbar nur im Jenseits oder im Traum. Die Schrecken begannen, als man in menschlicher Vermessenheit und Hoffart vermeinte, die ideale Landschaft auf der Erde finden, die Traumstadt gründen, das Wunschbild verwirklichen zu können.

Schon im Gilgamesch-Epos aus dem Babylonien des 12. Jahrhunderts vor Christus liest man die für unsere Zeit so berührend klingende Warnung: »Gilgamesch, wohin läufst du? / Das Leben, das du suchst, wirst du nicht finden!« Er antwortet: »Möge mein Auge die Sonne erblicken, ich am Licht mich ersättigen! Ist die Finsternis fern, wieviel Helligkeit ist da?« Wieder wird ihm zugerufen: »Gilgamesch, wohin läufst du? / Das Leben, das du suchst, wirst du nicht finden!« Dann: »Nicht gab es, Gilgamesch, je eine Übergangsstelle, / und niemand der seit vergangenen Zeiten herkommt, geht übers Meer... / Dazwischen liegt das Gewässer des Todes, das *unzugänglich* ist!«

Die gleiche Warnung ist in vielen Werken, die man der religiösen, der mythischen und der ästhetischen Sphäre zuzählen mag, zu vernehmen, nicht zuletzt in Goethes »Faust«.

Schon in der ägyptischen Thebais hatten die Mönche versucht, in Einsamkeit und asketischer Sinnesabtötung bereits auf Erden das Paradies zu gewinnen. Solange sie Eremiten blieben, war dies für die anderen ungefährlich, obwohl sie diesen als Helfer, Mitglieder der Familien und Gemeinden verlorengingen. Erst als ganze Gruppen asketischer Mönche zum Angriff auf Dörfer und Städte übergingen, um dort das »teuflische« Zusammenleben von Handwerkern, Kaufleuten und Beamten zu zerstören, als sie Klöster und Kirchen stürmten, um Bilder, Statuen und Insignien zu vernichten – viele Male geschehen im Reich der byzantinischen Kaiser –, als sie die allgemeine Zwangsaskese und Abtötung aller Lebensregungen bei anderen mit Gewalt durchsetzen wollten, da wurde offenkundig, was durch inhumanen Fanatismus aus dem Streben nach einem Ideal werden kann.

Sobald Idealvorstellungen aus der Darstellung in Büchern oder Bildern herausgegriffen und nicht mehr als Zeichen aufgefaßt, sondern als reale Möglichkeit mißverstanden wurden, gerieten nicht nur die Menschen, sondern zugleich auch jene Bücher, Bilder oder Klöster in Gefahr, in denen diese Ideale in Erkenntnis ihrer Irrealität verherrlicht worden waren. Anarchismus, Menschenfeindlichkeit, Fanatismus, die Zerstörung von Kunstwerken durch ekstatische Mönche und Menschenmassen waren die Folge.

Man könnte, um im weltlichen Bereich zu bleiben, auch sagen: die Kunst war die Landschaft des Einhorns, eines Ideal-Tiers von traumhafter Zartheit und Schönheit, das die Künstler erfanden und auf ihren Gemälden und Gobelins in jahrelanger Webarbeit heraufbeschwören konnten. Es existierte in den paradiesischen Gartenlandschaften an den Wänden von Schlössern und Palästen, aber nur dort. Trotzdem gab es bald immer mehr Leute, die lange Elfenbeinstäbe brachten und sie für die Waffe real existierender Einhörner ausgaben. Lange Zeit glaubten viele, daß man Einhörnern tatsächlich begegnen könne, freilich in seltenen Exemplaren irgendwo in fernen Ländern. Wer aber auszog, um solch ein Einhorn zu erjagen, hatte sich an die Illusion verloren; er ließ sich in sinnlose Abenteuer ein oder wurde zum Betrüger.

Was wir heute als Kunst bezeichnen, beschränkte sich auch damals nicht auf den Bereich der reinen Gedanken, sondern stellte die sinnliche Erscheinungsform der Ideale dar. Kathedralen, Statuen, Glasfenster, Bilder, die Einhorngobelins, die Paläste zeigten Formen, Farben, Figuren, Szenen, die gedachte Ideale anschaulich machen sollten, sowohl an Beispielen, die der Realität angenähert waren, als auch durch Symbole – die Kunst des Mittelalters besteht aus Symbolen. Manche Menschen verloren damals die alltägliche Realität aus den Augen, und zwar gerade jene, die zurückgezogen in Klöstern, Kirchen und Schlössern lebten. Sie gerieten in Gefahr, sich eines Tages in den Wahn hineinzusteigern, daß die Wunderwelt der Bilder in konkrete Wirklichkeit umgesetzt werden könne.

Die Geschichte des frühen Christentums und des Mittelalters ist geprägt von solchen Versuchen, die auf verschiedenste Weise unternommen wurden. Die östlichen Einflüsse der Gnosis und des Manichäismus waren vor allem von der Idee getragen, daß das Paradies nur durch Aufhebung des von der Erbsünde gezeichneten Alltagsdaseins der Menschen herbeigeführt werden könne: keine staatliche oder familiäre Ordnung, kein Eigentum, keine Arbeit mehr – ist erst ein solcher Zustand geschaffen und der Glaube stark genug, vollzieht sich der irrationale Sprung, läßt sich das Reich Gottes auf Erden verwirklichen. Die von Darstellungen Christi, der Engel, der jenseitigen Welt, des Paradieses erfüllten Gotteshäuser trugen durch ein unheilvolles Mißverständnis dazu bei, in den meist ungebildeten Massen eine brisante emotionale Stimmung zu nähren: wenn man nur leidenschaftlich genug daran glaube und die hinderliche Realität beiseite schaffe, würde man das Paradies persönlich und konkret erleben können.

Die offizielle Kirche hat sich in ihrer Haltung gegenüber den fanatisierten Mönchen und Menschengruppen, die sich den illusionären Absolutisten anschlossen, als eine Institution des praktischen und skeptischen Realismus erwiesen: sie tat alles, um die rücksichtslos auf absolute Ideen hinstürmenden Revolutionäre entweder aufzuhalten oder zu mäßigen und zu integrieren. So kam es zwar zu Ketzerverbrennungen und Hinrichtungen, aber auch zur Gründung der Franziskaner und anderer Orden. Wie schon Elias Canetti in »Masse und Macht« nachweist, verhielt sich die Kirche ungemein vorsichtig gegenüber allem, »was an Masse nur gemahnen könnte«, sie war – auch wenn diese Feststellung heute überraschen mag – eine individualistische Organisation. Ihre schwersten Probleme hatte sie mit mönchischen Fanatikern und irrational agierenden Bevölkerungsmassen – außerdem mit dem Machthunger einzelner kirchlicher Würdenträger, die sich allzugern mit Staatspolitik befaßten.

Was wir heute als Kunst bezeichnen, war vorerst eine idealisierte, unwirkliche Überhöhung des Realen. Sie bildete die Ideale in Figuren, Szenen, Symbolen ab, zeigte sie anschaulich dem Volk, schuf einen imaginären Sternenhimmel zur geistigen Orientierung. Sie begünstigte anderseits aber auch die Flucht aus der Realität. War es daher nicht ein wichtiger Erkenntnisschritt, als man im 18. Jahrhundert, in der Phase der Aufklärung, die Grenze zwischen Realität und Kunst, zwischen Ästhetik und Ethik, klar zu ziehen versuchte? War es nicht eine gute Voraussetzung dafür, die Kunst vor dem ungeheuren Mißverständnis eines Aufrufs zur Realitätsflucht und Wirklichkeitsfeindlichkeit zu schützen?

Inzwischen hatte bereits eine neue Entwicklung eingesetzt: nicht mehr die Kunst, sondern die Wissenschaft – und vor allem die Naturwissenschaft – wurde zum wichtigsten Bereich der Ideale. Schon Galilei und Newton ließen die verwegene Hoffnung entstehen, man werde, wie in der Astronomie die Sternenbahnen, bald auch die den irdischen Phänomenen und dem menschlichen Handeln zugrunde liegenden Weltgesetze entdecken. Sogar unter dem theologischen Aspekt der Bewunderung für die göttliche Weisheit und Ordnung erwartete man in der Wissenschaft, lange vor Hegel und Marx, Einblick in die Weltgesetze zu gewinnen. Auch wenn das Faszinosum der Kunst erhalten blieb, so zeigte die

Wissenschaft, die sich mit der Natur des Menschen und der Welt selbst zu befassen meinte, einen neuen, unendlich weiten Horizont, der nichts mit Kunst zu tun hatte, sondern – wie man annahm – sicherste Wirklichkeit war.

Liest man heute, was sich rund um die Französische Revolution bis weit über Marx hinaus als Wissenschaft bezeichnete, die mit dem Anspruch auf absolute Richtigkeit auftrat und damit eine enorme Wirkung auf Intellektuelle und Massen gleichzeitig ausübte, so kann man nur staunen. Die Kunst war zwar bewußt eigenständig geworden, aber manche sogenannten Wissenschaften gewannen nun einen unmittelbar wirksamen Einfluß auf die Realität, der die Entwicklung der Geschichte bis zum heutigen Tag bestimmt.

Wenig verwunderlich sind dabei die Auswirkungen der Naturwissenschaften, denn sie haben sichtbar und merkbar mit Realität zu tun, das Telefon funktioniert, das Auto fährt, das Flugzeug fliegt. Nahezu unglaubhaft aber ist heute, daß sich einst Lehren eines unverkennbaren politischen Messianismus als Wissenschaft ausgeben konnten. Saint-Simon, Fourier, Considerant, Babeuf und bald darauf Karl Marx traten mit dem Anspruch auf Wissenschaftlichkeit auf, und die Wirkung, die sie nicht zuletzt dank dieser scheinbaren wissenschaftlichen Kompetenz ausübten, prägt heute noch wichtige Strömungen des geistigen und politischen Weltgeschehens.

Im Werk von Karl Marx finden sich Visionen, die nicht – wie die Kunst – beanspruchen, nur sinnliche Darstellung von Ideen zu bieten, ja nicht einmal diese Ideen selbst auszusagen, sondern die vorgeben, Feststellungen der Wirklichkeit zu sein. Der »Dialektische Materialismus« ist kein Gleichnis, sondern erklärt: so ist die Welt, so entwickelte sich die Geschichte, und so wird sie in Zukunft verlaufen. Der Leser oder Zuhörer hat bloß mitzugehen mit dieser angeblich in absoluter Prädestination auf angeblich bekanntem Weg fortschreitenden Geschichte. Sogar unter den fanatischesten Mönchen des Mittelalters hatten nur wenige die Anmaßung einer solch gottähnlichen Gewißheit.

Die Kunst scheint seit dem 18. Jahrhundert an den Rand gerückt zu sein, obwohl seit damals eine grandiose Entfaltung stattfand. Die Kunstgeschichte über die Epochen seither füllt viele Bände, die Kunstwerke gehören zu den bedeutendsten unserer Kultur.

Dennoch: die Kunst hat nun ihren eigenen Bereich, jenen der Ästhetik, der zwar eng mit dem Leben zusammenhängt, aber doch grundsätzlich von ihm unterschieden ist.

Manche Künstler versuchten, dieser Verschiebung Widerstand zu leisten, und die Epoche der Romantik ähnelt einem Großangriff der Kunst auf die verlorene Wirklichkeit: Lord Byron, Victor Hugo, Balzac, E. A. Poe, Baudelaire, Verlaine, Rimbaud, Lautréamont, Novalis, Eichendorff, Richard Wagner versuchten, Vorbilder für konkrete Realität zu entwerfen. Die Kunst sollte zum Lebensmodell, die Ethik ästhetisiert werden. Die Biographien vieler Dichter, Maler, Komponisten – etwa bei Byron, Baudelaire, Richard Wagner, aber auch später bei Oscar Wilde und vielen anderen – sind Beschreibungen von Experimenten, einen Kunsttraum in Realität umzusetzen.

War einst die Kunst die ideale Erweiterung des Lebens, so sollte nun das Leben zwar nicht die ideale, aber doch einigermaßen attraktive und dramatische Verlängerung der Kunst sein. Wohl gab es gleichzeitig die Realisten und Naturalisten wie Emile Zola und Ibsen, die alles taten, um mit ihrer Kunst Verbesserungen realer Mißstände durch eine psychologische Bewußtwerdung zu bewirken. Die Kunst der Romantik und der Moderne aber wurde, weil sich die Lebensform ihrer Umgebung vielleicht in Einzelheiten, nicht aber total verändern lassen wollte, immer künstlicher; sie entfernte sich von der »langweiligen«, farblosen, normalen Realität, und da diese Realität den bizarren Träumen der Künstler nicht zu folgen bereit war, richtete sich ihr Schaffen bald gegen diese Realität. Sowohl Baudelaire, Rimbaud, die Impressionisten, als auch die Nazarener und Präraffaeliten wollten die Wirklichkeit durch ihre Ästhetik überbieten, sich von der verächtlichen Realität emanzipieren. Ihr Bemühen liegt, auch wenn dies aus ihren Werken nicht unmittelbar erkennbar ist, auf dem direkten Weg zur abstrakten Kunst.

Fern der Realität, abgelöst vom Menschenbild und jeglichem Lebensbezug, entwickelte sich nun eine neue Kunst der Linien und Farben, die von Malewitsch und Kandinsky über Picasso, Klee, Mirò bis in die Gegenwart bedeutende Höhepunkte erreichte. Die Kunst schien sich von der menschlichen Alltagswirklichkeit völlig abgewandt zu haben, als wiederum ganz andere Signale sichtbar wurden: schon im Surrealismus zeigten sich soziale und politische Bestrebungen, die mit der abstrakten Formensprache dieser Kunst in Widerspruch zu stehen schienen. Die Abstraktion sollte als anarchistisches Instrument eingesetzt werden. Futurismus, Proletkult und später eine Aktionskunst, die mitunter wieder fast kultische Ansprüche stellte, führten diese Auseinandersetzung weiter.

Nachdem die Künste nicht nur ihre Eigenständigkeit gewonnen hatten, sondern eigene Tempel, nämlich Museen für sie errichtet worden waren, hieß es nun: verbrennt die Museen, geht als Künstler ins reale Leben. Meist war das politisch gemeint. Die Kunst sollte entweder Massen mobilisieren, wie in der Sowjetunion, oder neue Mythen schaffen, die unmittelbar zur Umgestaltung des menschlichen Lebens beitragen.

Viele Künstler konnten sich nicht damit abfinden, daß sie nicht Priester, Lehrer, Menschenführer, Propheten sein sollten, sondern Künstler. Der Abstand der Künste zu den Wissenschaften war immer deutlicher geworden: die Physiker, Chemiker, Biologen wurden zu den Halbgöttern der Epoche.

Die Kunst befindet sich seit den zwanziger Jahren des Zwanzigsten Jahrhunderts in einer merkwürdig pluralistischen Phase: alle nur denkbaren Positionen und historischen Aspekte treten gleichzeitig auf. Allerdings ist der Beleuchtungswinkel verschieden – die Kunst als staatliches Repräsentationsmittel spielt im demokratischen Westen eine sehr geringe Rolle, im kommunistischen Osten eine weitaus größere.

Die Gewichtung wechselt sowohl geographisch, als auch fast im Rhythmus der Jahresaktualität, manchmal noch schneller. Um so notwendiger ist es, die Kunst als solche so zu sehen, wie sie durch die kulturelle Gesamtentwicklung geworden ist: nämlich in ihrer gewachsenen Eigenständigkeit, ihrer – im Vergleich zu früheren Epochen – weitgehenden Befreiung aus den Verpflichtungen, Schranken, Zwängen, Abhängigkeiten von Machthabern und Geldgebern, in ihrer erheblichen Autonomie. Mit der Bewußtwerdung der Kunst als Kunst war aber auch ihre Herauslösung aus der einstigen Bewußtseinseinheit mit der Wirklichkeit verbunden.

Die Bewußtwerdung der Kunst als Kunst ist nicht mehr rückgängig zu machen. Welche Bestrebungen immer es heute geben mag, dieser Prozeß der Verselbständigung läßt sich nicht mehr aufheben. Die Klarheit darüber kann uns manche Versuche der Gegenwartskunst, so leidenschaftlich sie auch sein mögen, schon in ihrem Ansatz als hoffnungslos antiquiert durchschauen lassen, auch wenn gerade sie oft als ungemein modern und avantgardistisch bezeichnet werden.

Die Rivalität zwischen Künsten und Naturwissenschaften verschärft sich. Schon C. P. Snow sprach 1959 in einer berühmten Schrift von den »Zwei Kulturen«. Die Erfolge der Naturwissenschaften mit ihrer technischen Zivilisation, dem Mondflug und der Atomenergie sind Tatsachen, deren evidente Bedeutung nicht konkurrenziert werden kann. Die stärksten Impulse zur Wandlung des Menschen, seiner Umwelt und seiner Möglichkeiten gehen von den Naturwissenschaften und den Gesellschaftswissenschaften aus. Allerdings ist für diesen Erweiterungsbereich die »Ästhetik« noch nicht gefunden, denn auch dabei handelt es sich um einen Bereich der Ideale, von Wunschvorstellungen, von Abbildungen unserer Welt, wie er einst unbewußt und heute bewußt den Künsten zukam und zukommt. Die wissenschaftlichen Idealisierungen treten freilich nicht in sinnlicher Darstellung, sondern als direkte Aussagen auf. Sind wir damit den Inhalten von Philosophie, Psychologie, Soziologie, Politologie, Geschichte nähergekommen? Sie bleiben sehr oft Visionen, werden jedoch nicht immer als solche aufgefaßt.

Die Eingrenzung der Kunst auf den von der Wirklichkeit getrennten Bereich der Ästhetik bedeutet nicht, daß die Kunst, auch wenn manche Künstler darum bemüht waren, sich jemals von der Realität und ihren ethischen Strukturen gänzlich hätte lossagen können. Die Tatsache, daß der kreative Künstler Mensch ist, als Mensch in einer Sozietät lebt und mit allem, was er tut, auch im irrealen Bereich der Kunst, Entscheidungen trifft, bedeutet eine konkrete menschliche Stellungnahme.

Dadurch, daß Kunstwerke von Menschen geschaffen werden, gibt es keine bindungslose, freischwebende Ästhetik. Sogar im ätherischen Ästhetizismus, in einer vom Humanen weitgehend abgelösten l'Art pour l'Art, in der höchstmöglichen Abstraktion, ist die Beziehung zu ethischen Werten unvermeidbar. Auch deren verachtungsvollste Negierung in manchen künstlerischen Werken ist eine Reaktion auf diese Werte.

Nochmals: eine Ästhetik ohne Wertbeziehung ist unmöglich. Die Ästhetik der Kunst spielt, ob der Künstler will oder nicht, außer mit Farben, Formen, Tönen immer zugleich auf einer Art

Wertklavier, einem Instrument, das aus einer Anordnung von Werten besteht, die in das Werk eingebracht werden. Sogar bei einer noch so eigenständigen Definition von Ästhetik wird die Kunst im Bereich der Realität und damit der Ethik haftbar bleiben.

Die Ansicht, Kunstwerke seien bloß ein subtiles Radarbild der Strömungen, Kräfte, Stimmungen unserer Zeit, kann die Wertbezogenheit des Menschen, der es erstellt, nicht ausschalten. Der Künstler ist gewiß ein hochempfindlicher Sensor, aber kein elektronisches Radargerät. Er kann nicht anders als hervorheben, auswählen, beleuchten; und darin zeigt sich, ob er will oder nicht, seine Wertbezogenheit.

Die Beobachtung der Kunst und ihrer Geschichte kann unseren Blick für Vorgänge in anderen Bereichen schärfen, in denen Ideale entstehen und entwickelt werden. Jahrtausendelang war den Menschen nicht bewußt, daß es sich bei jenen dargestellten, gemalten, gemeißelten, komponierten Idealen um Kunst handle, die ästhetischen Gesetzen folgt. Obwohl uns dies nun seit längerer Zeit bewußt ist, haben die Ideale in der künstlerischen Gestaltung ihre geistige Kraft nicht verloren. Aber es ist heute die Gefahr deutlich zu erkennen, die daraus entsteht, daß man sich solchen Idealen nicht nur nähern will, sondern sie konkret in Wirklichkeit umsetzen zu können glaubt. Auf die Verwechslung von Kunst und Wirklichkeit – ein verführerisches Hauptthema der Romantik und des Expressionismus – steht die sichere Strafe des Scheiterns, der Tragödie, der Katastrophe. Noch ist uns aber keineswegs deutlich bewußt, daß auf dem Gebiet der Naturwissenschaft und anderer Wissenschaften eine noch weit größere Gefahr der Verwechslung von Idealvorstellungen und Wirklichkeit besteht.

In analytischen Forschungen, in positivistischen Untersuchungen, in noch so exakt und streng realistisch sich ausgebenden Wissenschaften steckt das tief biologische, vitale Verlangen des Menschen nach Idealen. Die Naturwissenschaften und die Technik sind am gefährlichsten, da sich die Idealbildung heute dort am erfolgreichsten hinter realen Errungenschaften verbirgt.

Im Mittelalter führte die Verwechslung von Idealvorstellung und Wirklichkeit zu Aufständen, Revolutionen, Gewaltakten und Schlächtereien von lokalen Ausmaßen. Eine solche Verwechslung aber kann heute zur Auslöschung des menschlichen Lebens auf der Erde oder zur Vergiftung von Kontinenten führen.

Wie damals wird auch in unserer Zeit ein ähnlicher Weg mit der Berufung auf höchste Ideale beschritten – auf das Glück der Völker, die Befreiung der Welt von Armut und Ausbeutung, den Weltfrieden, ja, das künftige Paradies.

Meine Betrachtungen richten sich nicht gegen Ideale, im Gegenteil: sie sind bemüht, diese Ideale vor Mißbrauch und Zerstörung zu bewahren. Die Tragödien, die durch die Verwechslung von Kunst und Wirklichkeit, aber auch von Wissenschaft und erreichbarer Wirklichkeit entstehen, können bei genauer Beobachtung zur Klarheit realistischen Erkennens beitragen. Der Versuch, die Ideale in absoluter Vollkommenheit in unserem Dasein auf Erden zu verwirklichen, führt zum sicheren Scheitern dieses Versuchs und in der Folge zur Liquidierung jedes Glaubens an Ideale.

Ohne Ideale aber wird versäumt, was durch unvollkommene Annäherung dennoch tatsächlich getan werden kann. Die Sterne ermöglichen die Orientierung auf der Reise in der Nacht. Niemand würde sich unterfangen, sie in die Hand nehmen zu wollen. Es sei denn, ein Wahnwitziger – dem wir in unserer zivilisierten Traumwelt allzuoft gleichen.

Das Ideal der Kunst

Als sich in der CSSR 1967 die Verhältnisse liberalisierten, als man anfing, ins Ausland zu reisen, als sich die Läden mit Waren zu füllen begannen, kursierte unter den Intellektuellen in der alle begeisternden Aufbruchsstimmung eine kaum beachtete Nachricht, die betroffen und nur leise weitergesagt wurde: die Theater sind leer, in den Buchhandlungen bleiben die Bücher liegen, obwohl es nun interessante, früher verbotene Literatur gibt. Die Menschen kauften begierig die neu aufgetauchten Konsumgüter, reisten, wann immer ein paar Tage frei waren, über die offene Grenze. Erst durch die Katastrophe des Einmarsches der Truppen des Warschauer Pakts am 21. August 1968 wurden der autoritäre Staat und zugleich die einstige, gewohnte Situation im Bereich der Kultur wiederhergestellt: die Theaterkarten waren ausverkauft, die Nachfrage nach Büchern stieg, wenn auch die Zensur die neu herausgebrachten Werke wieder aus dem Verkehr zog.

In Hitlers Drittem Reich konnte man gleichfalls beobachten, daß das Verlangen nach Kunst immer stärker wurde. Obwohl Verbote die Spielpläne und Verlagsprogramme einengten, obwohl bald nur noch wenig Papier für Bücher vorhanden war und Bombenangriffe die Bühnen gefährdeten, obwohl stündlich Schreckensnachrichten vom Tod von Angehörigen und Freunden eintrafen und niemand wissen konnte, ob er am nächsten Tag noch am Leben sein werde – die Theater waren voll, die wenigen guten Bücher erhielt man nur hinter dem Ladentisch. Kaum jemals wurden Gedichte, Romane, philosophische Werke mit so tiefer Erwartung und Hingabe gelesen wie damals.

Wenn abzuwägen ist, wo die Werke der Kunst und des philosophischen Denkens heute mit stärkerem Interesse aufgenommen werden, in den westlichen Demokratien oder in den autoritären kommunistischen Staaten, dann stellt man, ob dies dem Beobachter paßt oder nicht, fest: in den autoritären Staaten. Wo Konsumknappheit, Reisebeschränkungen, willkürliche polizeiliche Maßnahmen, weitgehende Rechtlosigkeit der Bürger herrschen, wo die Wirklichkeit als einengend empfunden wird, wo die bescheidenen Glücksmöglichkeiten unvorhersehbar bedroht sind, dort gewinnt die Kunst eine Bedeutung, wie man sie in Ländern mit demokratischer Freiheit und wirtschaftlichem Wohlstand nicht kennt.

Ist das nur heute so, muß das stets so bleiben, verhielten sich die Menschen früher anders? Wird der Kunst – und den Menschen – damit nicht ein trauriges Zeugnis ausgestellt? Stimmt es tatsächlich, daß die Bedeutung der Kunst und die Intensität geistigen Verlangens von der unerträglichen, tragischen Verlorenheit, von Empörung und Verzweiflung an der Wirklichkeit abhängen? Stehen Kunstsinn und geistiges Streben in direktem Verhältnis zu realen Katastrophen?

Die Blütezeiten künstlerischer und geistiger Entfaltung waren tatsächlich meist Epochen der strengen Abhängigkeit von Mäzenatentum und Zensur. Noch Arthur Schnitzler und Egon Schiele hatten größte Probleme mit Zensurmaßnahmen. Renaissance, Barock, Klassik, Romantik und Naturalismus zählen trotz Zensur dank ihrer Kunst und Philosophie zu den fruchtbarsten Phasen unserer Kultur. Dabei fällt auf, daß es zur Zeit der strengsten Polizeikontrollen über Theater und Literatur durch die kaiserliche Regierung in Wien mit Haydn, Mozart, Beethoven, Schubert, Brahms, Bruckner zu einzigartigen Höhepunkten der musikalischen Kreativität kam, die von der Zensur nicht zu erfassen war.

In einem der berühmtesten Lieder Franz Schuberts, der Vertonung von Franz Schobers wohl nicht sehr gelungenem, aber aussagekräftigem Gedicht »An die Musik« heißt es: »Du holde Kunst, in wieviel grauen Stunden, wo mich des Lebens wilder Kreis umstrickt, hast du mein Herz zu warmer Lieb' entzunden, hast mich in eine bessre Welt entrückt...« Und dann: »Du holde Kunst, ich danke dir dafür.« Eduard Mörike träumte in dem Gedicht »Gesang Weylas« – später vertont von Hugo Wolf – von einer in der Dichtung heraufbeschworenen Vision: »Du bist Orplid mein Land, / Das ferne leuchtet!« Ist Kunst das Tor zu einer Weltflucht, das sich umso weiter öffnet, je stärker der Druck und das Verlangen sind, der Realität wenigstens für Stunden zu entfliehen?

Drei weitere Beispiele von vielen zeigen die gleiche tragische Beziehung: Dostojewskis Erlebnis der in letzter Minute abgebrochenen Vorbereitungen zu seiner Hinrichtung und die Jahre der sibirischen Gefangenschaft, die er zeitweise in Ketten verbringen mußte, sind in die Gestaltung seines Werkes eingegangen. Der geniale Dandy Oscar Wilde verließ in zwei Schriften die frivole Welt seiner Komödien und schrieb erschütternde Bekenntnisse, die sein übriges Werk überragen – beide hat er im brutalen Milieu englischer Kerker verfaßt: die »Ballade vom Zuchthaus zu Reading« und »De profundis«. Alexander Solschenizyn, der im Gulag nicht schreiben durfte, lernte große Teile seiner dort verfaßten Werke auswendig, um sie später zu Papier zu bringen. Ohne die furchtbaren Erlebnisse der Lager, Kerker und Krankenstationen wären solche Bücher nicht entstanden.

Die Summe dieser Tatsachen wurde früh durch eine mythische Vorstellung vorweggenommen: Homer galt als blind. Der Schöpfer so vitaler Gestalten, von Heroen, Göttern, Göttinnen, der in allen farbenvollen Einzelheiten so anschaulich geschilderten dramatischen Szenen der »Ilias« und »Odyssee« hatte nicht oder nicht mehr die Möglichkeit, auch nur eine Blume zu sehen. Sophokles übernahm den Gedanken in seine Ödipus-Tetralogie: auch der weise Seher Teiresias ist blind.

Bei Kafka bewirkten vor allem innere Katastrophen, aber auch die Arbeitsbelastung durch seine Anstellung als Versicherungsjurist und bald auch die schweren Probleme seiner Lungenkrankheit eine Steigerung seiner Energien zur literarischen Gestaltung. Diese für ihn unerträglichen Situationen, die zu quälenden privaten Tragödien führten, stimulierten die Notwendigkeit seines Schreibens. Seine Romane, Erzählungen, Tagebücher sind der aus der Verzweiflung entstandene vitale Versuch zu überleben.

Die Überschreitung der Realität durch Kunst ist bei Kafka mit größter Kühnheit der Phantasie durchgeführt: »Der Prozeß«, »Das Schloß«, »Die Verwandlung«, »Die Strafkolonie« greifen weit über die Wirklichkeit hinaus, verwenden aber reale Elemente und sind im sachlichen Stil genauer Realitätsschilderung abgefaßt. Kafka will freilich auf die Realität zurückwirken, er schrieb im Alter von zwanzig Jahren in einem Brief: »Wenn das Buch, das wir lesen, uns nicht mit einem Faustschlag auf den Schädel weckt, wozu lesen wir dann das Buch? Damit es uns glücklich macht? Mein Gott, glücklich wären wir eben auch, wenn wir keine Bücher hätten, und solche Bücher, die uns glücklich machen, könnten wir zur Not selber schreiben. Wir brauchen aber die Bücher, die auf uns wirken wie ein Unglück, das uns sehr schmerzt, wie der Tod eines, den wir lieber hatten als uns, wie ein

Selbstmord; ein Buch muß die Axt sein für das gefrorene Meer in uns.«

In Kafkas »Hochzeitsvorbereitungen auf dem Lande« (Betrachtungen) heißt es: »Unsere Kunst ist ein von der Wahrheit Geblendet-Sein: Das Licht auf dem zurückweichenden Fratzengesicht ist wahr, sonst nichts.« Wir sehen die Wahrheit nicht, sondern sind bestenfalls geblendet von ihr. Nur ihren Widerschein können wir wahrnehmen.

Literatur bedeutet für Kafka den Ausbruch aus der Wirklichkeit. »›Jagd‹ ist ja nur ein Bild, ich kann auch sagen ›Ansturm gegen die letzte irdische Grenze‹, und zwar Ansturm von unten, von den Menschen her, und kann, da auch dies nur ein Bild ist, es ersetzen durch das Bild des Ansturmes von oben, zu mir herab. Diese ganze Literatur ist Ansturm gegen die Grenze...« (Tagebücher, 16. Januar 1922). Unter einem anderen Aspekt betont ein späterer Satz aus den »Fragmenten aus Heften und losen Blättern« die Spannung zwischen Kunst und Wirklichkeit: »Schreiben als Form des Gebetes.«

Dies gilt in anderer Form auch für Rilke, der in einem keineswegs harten Milieu, sondern unter persönlich ungemein günstigen Umständen lebte. So finden wir in Rilkes »Sonetten an Orpheus« die Verse: »Da stieg ein Baum. O reine Übersteigung! / O Orpheus singt! O hoher Baum im Ohr!« Und: »Errichtet keinen Denkstein. Laßt die Rose / nur jedes Jahr zu seinen Gunsten blühn. / Denn Orpheus ists. Seine Metamorphose / in dem und dem. Wir sollen uns nicht mühn / um andre Namen. Ein für alle Male / ists Orpheus, wenn es singt.«

Die Kunst also ist Übersteigung der Realität. Sie ist der »ideale Bereich der Ideale«. Sie erhebt sich zu Idealen und wird selbst zum Ideal. Die reale Unerreichbarkeit des Ideals bleibt gewiß (Rilke im selben Werk): »Singe die Gärten, mein Herz, die du nicht kennst; / wie in Glas eingegossene Gärten, klar, unerreichbar. / Wasser und Rosen von Isphahan oder Schiras, / singe sie selig, preise sie, keinem vergleichbar. / Zeige, mein Herz, daß du sie niemals entbehrst.« Die Gärten sind niemals begehbar, dennoch reichen sie durch die Phantasie ins Leben hinein. Sie bleiben »in Glas eingegossen«, sind vielleicht auf natürlichem Boden gerade noch in großer Unvollkommenheit nachzuahmen.

Die Annäherung, die eigene Veränderung im Geist solcher Annäherung ist dem Menschen möglich. Sie kann und soll er versuchen. Am Schluß von Rilkes Gedicht »Archaischer Torso Apollos« heißt es: »Sonst stünde dieser Stein entstellt und kurz… / und bräche nicht aus allen seinen Rändern / aus wie ein Stern: denn da ist keine Stelle, / die dich nicht sieht. Du mußt dein Leben ändern.« Die Veränderung richtet sich nach der Schau, die über den Elementen der Realität das Ideal sieht. In den »Sonetten an Orpheus« stehen die Worte: »Rühmen, das ists! Ein zum Rühmen Bestellter, / ging er hervor wie das Erz aus des Steins / Schweigen… /Nie versagt ihm die Stimme am Staube, / wenn ihn das göttliche Beispiel ergreift.«

Was ist nun das Ideal der Kunst? Ist es das ideale Bild der Wirklichkeit in ihrer geschilderten Vollendung, das zur Nachfolge auffordert? Ist es zwar ein Bild der Vollendung, das aber die Wirklichkeit als hoffnungslos verurteilt und zur Flucht aus ihr einlädt? Oder wirkt die Kunst als Zerrspiegel, der die Schrecken und Negationen unserer Realität immens vergrößert – und warum? Um uns tiefer in sie hineinzustoßen, oder um uns in doppelter Negation zum erkennenden Erleben des eigentlichen Ideals zu bringen?

Man hat erst seit wenigen Jahrzehnten einige Klarheit über die Anfänge jenes Tuns gewonnen, das man später als Kunst bezeichnete. Das Nachdenken über die ursprünglichen Zeichen weist auf eine Entwicklung hin, die manche Grundelemente erhellen könnte. Man weiß heute, daß die Cro-Magnon-Menschen etwa gegen 60000 vor Christus merkwürdige Werke schufen. Außer Werkzeugen und Gebrauchsgeräten entstanden in der zweiten Hälfte der letzten Eiszeit Bilder von kaum zu beschreibender Schönheit. Sie befinden sich in Höhlen, deren Zugang oft versteckt ist und in die niemals ein Strahl natürlichen Tageslichts dringt. Viele dieser Gemälde, von denen bisher Zehntausende entdeckt wurden, bestehen aus Farben von feinster Schattierung und intensiver Leuchtkraft. Man sieht sie an den Wänden von Gängen, kleinen Räumen und Sälen, vollkommen abgeschieden von der Sphäre des täglichen Lebens.

Diese Höhlen – zu den wichtigsten zählen Lascaux, Altamira, Le Portel, Les Combarelles – waren, wie man mit Sicherheit nachgewiesen hat, Kultstätten, wo sich die Menschen zu religiösen Ritualen versammelten. Priester, die man heute oft mit verächtlichem Unterton Zauberer oder Schamanen nennt, übten dort Bräuche, die in unserer Kultur gern als Magie bezeichnet werden.

Die teilweise herrlichen Bilder stellten jene Wesen dar, auf die sich die Bräuche bezogen: Bisons, Pferde, Mammuts, Rentiere, Hirsche, Urrinder, Rhinozerosse, Bären, selten Menschen, oft Zeichen, die mit der Jagd zusammenhingen. Man findet manchmal auch Zauberer mit Stab oder Flöte, Fabelwesen, halb Tier, halb Mensch, springende Magier mit Hirschgeweih, Eulenaugen und spitzem Bart. Man weiß, daß die Menschen vor diesen Bildern getanzt, daß sie manche Gemälde mit Kultschlägen berührt haben. Niemals haben sie in diesen Höhlen gewohnt.

Die Gänge und Säle tief unter der Erde waren Plätze der Geborgenheit und eines sakralen Erlebens, das über Realität hinausführte. Dort unten vereinigten sich die mit schwachen, einfachen Geräten ausgerüsteten Jäger mit den mächtigen Ahnen und jener Gottheit, die ihnen Gewalt über oft riesige Tiere und Herden geben sollte. In verborgenen Höhlen beschworen sie den hilfreichen Geist der Toten und der Gottheit, die alles geschaffen hatte.

Die Gemälde gehörten zum Akt der Annäherung, sie waren Beschwörung, Gebet. Durch sie glaubten die damaligen Jäger, in der Weite der unerklärlichen Natur Überlegenheit über ein rätselhaftes Geschehen zu gewinnen. Sie suchten damit Orientierung, eine andere als die ursprüngliche, angstvolle Beziehung zu ihrer Umwelt. Die religiöse und geistige Dimension öffnete sich durch dieses Schaffen.

Einer der besten Kenner der Frühzeit, Herbert Kühn, betonte mehrmals seine Überzeugung, daß die lange Periode von etwa 60000 bis 10000 vor Christus, die glücklichste Epoche der Menschheit gewesen sei. Nach allen Erkenntnissen der Fachleute habe es damals keine Reflexion über Gut und Böse, keinen psychischen Bruch, keine Disharmonie in der Lebensform der Menschen gegeben. Erst mit der Erfindung des Ackerbaus hätten diese Probleme begonnen: der Ackerbauer Kain habe Abel erschlagen. Kühn meint, die damalige Welt der Jäger mit ihrem Überfluß an Wild sei der späteren Vorstellung vom Paradies nahegekommen, ja das Bild des Paradieses entspringe der Erinnerung an diese Zeit. Kühn erklärt immer wieder, nichts deute darauf hin, daß das Leben der damaligen Jäger anders als in der Geborgenheit des Glaubens an ihre Ahnen und an eine Gottheit, anders als harmonisch und heiter verlaufen sei. Alle feststellbaren Zeichen zeugten von dieser Heiterkeit.

Verblüffend ist eine Tatsache, die zum inneren Gleichgewicht des Frühmenschen in ärgstem Widerspruch stehen sollte: die Natur rund um ihn glich eher einer lebensfeindlichen Mondlandschaft als dem Paradies. Damals bedeckten Gletscher große Teile Europas, vom Norden bis nach Berlin, von den Alpen bis tief in die Pyrenäen. Die mittlere Julitemperatur lag zwischen 5 und 12 Grad, die mittlere Januartemperatur zwischen minus 16 und minus 10 Grad. Es gab keinerlei Wald, nur hochnordische Pflanzenarten, die am Boden hinkrochen. Die Menschen lebten in einer arktischen Landschaft, unter Verhältnissen, wie sie heute im nördlichsten Skandinavien zu finden sind.

Der »Sommer« dauerte nur ein bis vier Monate, den Rest des Jahres bedeckte eine hohe Schneeschicht das von Stürmen durchtobte Land. Der Mensch lebte in einer öden Tundra mit wenig Tageslicht und Sonne. Dennoch stellte Herbert Kühn fest: »Die Ergebnisse der Jagd waren ungemein reich... Bei all den Tausenden von Bildern der Eiszeit findet sich keines, das die Angst, die Furcht, das Bedrücktsein ausdrückt.« Die damalige Welt, meint Kühn, »ist freudig, gesichert«. Lag in solch einer Mondlandschaft das Paradies?

Die Forschungsergebnisse Herbert Kühns sind teilweise nicht unumstritten, aber trotz der Vorbehalte, die man einigen seiner Beobachtungen und Rückschlüsse gegenüber haben kann, bleiben wichtige Tatsachen unangreifbar und manche Gedanken überzeugend.

Vorerst: was wir als Kunst bezeichnen, war einst der Versuch, Gewalt über unerklärliche Mächte zu erringen. Die Bilder sollten reiche Jagdbeute, günstige Umstände, notwendige Hilfe für die Existenzbewältigung beschwören. Malte man ein Tier, einen Menschen, Zeichen einer Gottheit an die Felswand, dann war eine besondere Beziehung zu ihnen geschaffen, vielleicht ein magischer Bann, in den die Dargestellten gerieten. Die Bilder, die Rituale, die Tänze überschritten die konkrete Realität, öffneten einen transzendenten Zugang zu ihr, der nur dem malenden, dem die Bilder betrachtenden, dem tanzenden Menschen gegeben war.

Dies geschah nicht nur in einer Zehntausende Jahre zurückliegenden Vergangenheit, sondern mit ähnlichen Grundmotiven, aber in verwandelter Form und auch nicht mehr in Höhlen, bis weit ins Mittelalter. Verwandte Riten sind sogar heute noch im Inneren Afrikas und in anderen von unserer Zivilisation wenig berührten Gebieten zu beobachten. Was ist von diesem Erbe in unserer Kunst geblieben?

Die ersten der späteren Kulturen, über die wir Näheres wissen, entstanden in Mesopotamien und Ägypten. Die Ägypter wohnten in aus Nilschlamm gebauten Hütten und Häusern, die leicht zerfielen, wie auch die Paläste der Herrschenden. Ihre Lebensführung war bescheiden, sogar der Luxus der Könige hielt sich in sehr engen Grenzen, verglichen mit dem Aufwand, der den Gräbern, Häusern, Monumenten der Toten gewidmet war.

Was wir von den Ägyptern am besten kennen, ist das Reich ihrer Wünsche. Für die Toten malten sie die wunderbaren Fresken mit Szenen aus dem täglichen Leben, meißelten sie die graziösen Reliefs in die Wände von Gräbern und Tempeln; den Verstorbenen gaben sie die wie Kinderspielzeuge aussehenden Modelle von Villen, Küchen, Werkstätten, Wohnräumen, Ställen, Schiffen mit, ihre mumifizierten Körper umhüllten sie mit goldenen Masken und Särgen. Die unvergleichliche Lebendigkeit, mit der uns die ägyptische Kultur bis in die kleinste Alltagsszene entgegentritt – gehörte den Toten.

Die strenge Noblesse, die feine Stilisierung, die überirdische Leichtigkeit der Bewegungen, Haltungen, Farben lassen es zwar ahnen, doch die unbekümmert scheinende Diesseitsfreude mancher Kleinplastiken vermag uns oft zu täuschen: es handelt sich um eine Art Jenseitsfreude. So realistisch mitunter gemalt und gestaltet wurde, der Sinn lag in der phantasievollen Projektion der schönsten Träume in ein Leben nach dem Tod.

Die Grabkammern waren überhaupt nicht für die Betrachtung durch das menschliche Auge bestimmt, sie wurden, wie man damals meinte, für immer abgeschlossen. Nur die Toten und die Götter würden sie betreten. Im Jenseits erst werde der Tote jenes Leben führen, das auf den Bildern entworfen worden war, dort werde es die frohen Jagden nach den bunten Vögeln, die schlanken Tänzerinnen, die Begegnungen mit edlen Damen, das harmonische Zusammenleben mit Frau und Kindern, die köstlichen Mähler, die Feste zu den Liedern des blinden Harfners geben.

Was wir sehen, hatte nur eine teilweise Beziehung zur Realität: wir befinden uns jedoch inmitten einer idealen Welt, eines idealen Lebens.

Die Pyramiden waren zu Götterbergen aufgetürmte Riesengräber, man glaubte, die Götter würden auf Bergspitzen die Erde betreten. Sie waren gewaltige Göttermagneten, göttliche Blitzableiter und gleichzeitig die steinerne Vorwegnahme der Jakobsleiter, auf der die Toten in das Jenseits und zum großen Gericht gelangten.

In Luxor sind die Welten sogar, durch den Nil, deutlich voneinander geschieden: am Ostufer (der Stadt der Lebenden) stehen die drohenden Mahnmale der Tempel, im Westen (der Stadt der Toten) findet man die heiteren Gemälde an den Wänden der Gräber, die tief in den Felsen gehauen wurden. Die Wohnhäuser am Ostufer sind längst verschwunden – die Fresken und Reliefs in den Gräbern West-Thebens hingegen wirken frisch wie am ersten Tag. Die Geschichte hat die Vorstellung der Ägypter bestätigt: wo Leben war, ist nichts mehr vorhanden, aber das Ufer des Todes lebt wie einst.

Das Ideal also gehörte für die Ägypter dem Jenseits an. Auf Erden war nur in seltenen Augenblicken ein schwacher Abglanz davon zu erkennen, der eine Ahnung des fernen jenseitigen Ideals ermöglichte. Lebt eine solche Erinnerung in der späteren Kunst weiter?

Die Griechen stellten die Symbole ihrer Wunschträume und Ideale auf den Marktplatz, auf die Hügel ihrer Stadt, an die Hänge der Berge. Sie lebten mit ihnen und gerieten oft in Versuchung, sie mit der Realität zu verwechseln. Stets aber waren ihre Kunstwerke, ihre Tempel, Theater und Statuen als Modelle oder Wohnorte der Götter, der Heroen, der idealisierten Menschen, als Schauplätze eines idealisierten Geschehens deutlich erkennbar. Die Trennungslinie zwischen Ideal und Wirklichkeit verlief zwar nicht so deutlich wie bei den Ägyptern, sie ist aber unübersehbar: Kriege, Raubzüge, Metzeleien, Morde, die Ausrottung ganzer Familien, Schlachten, die aus Haß, aus Machtgier, aus hemmungslosem Verlangen nach Reichtum geführt wurden, waren das Milieu von Kunstwerken, deren reine Schönheit wir heute bewundern.

Das frühe Christentum stellte sich der bunten und dramatischen griechischen Welt anfangs entgegen. Die neue Lehre war unter den Juden entstanden und hatte wichtige Mythen und Symbole aus dem direkten Erbe der Ägypter übernommen, man braucht nur an die Vorstellung vom »Jüngsten Gericht«, an den guten Hirten mit dem Lamm, an Isis mit dem Horusknaben auf dem Arm und an das dem Kreuz so ähnliche Ankh-Zeichen zu denken. Erst in einer zweiten Phase wurde – durch Plotin und Origenes, vor allem in Alexandrien, durch die Kappadokier, dann durch Augustinus und später immer stärker – die griechische und römische Kultur einbezogen.

Was kann man, von solchen Gedanken ausgehend, als Mitgift für die spätere Entwicklung der Kunst bezeichnen? Sicher nicht, daß Kunst nur in Staatsdiktaturen wie Ägypten oder nur in Demokratien wie Athen gedeihen kann. Sie erhielt in beiden Bereichen Impulse, die zu unvergänglichen Werken führten. Was wir heute als Kunst bezeichnen, entwickelte sich sowohl in der Demokratie als auch in der Diktatur.

Einst waren die Künstler Priester, Handwerker, Hofleute; Kunst und Leben waren derselbe Stoff. Erst als die beiden Bereiche immer leichter und öfter verwechselt wurden, entstand das Verlangen nach einer nun wenigstens theoretischen Definition und Scheidung. Genützt hat die spätere Definition nicht viel. Am gefährlichsten wurde die Entwicklung, als Religion und Kirchen an Einfluß verloren und nun – meist unbewußt – Künste, Philosophien, politische Ideologien als Religionsersatz auftraten. Das orientierungslose, ungestaltete religiöse Verlangen war ja nicht auszulöschen, und so wucherte bald der freigewordene Irrationalismus sowohl in den Künsten als auch in der Realität.

Ideologien begannen, religiösen Anspruch zu erheben, und in den Künsten wurde es immer schwerer, für die Kräfte des aus allen Ordnungen ausbrechenden Irrationalismus irgendwelche Formen zu finden.

Heute leben wir in einer apokalyptischen Stimmung, wie man sie in der Geschichte nicht einmal an der Wende des ersten Millenniums erlebt hat. Nahe der Wende des zweiten Millenniums befinden wir uns in einer Phase der Ratlosigkeit, der Desorientierung und der Furcht vor dem Kommenden –, was sich in allen Künsten ausdrückt.

Bevor ich auf die unmittelbare Gegenwart eingehe, möchte ich noch den Blick auf ein Werk richten, das wohl der Vergangenheit angehört, aber gerade für die heutige Situation Wichtiges zeigen kann. Oft stand ich vor der Fensterrose an der Nordseite von Notre-Dame in Paris. Sie besteht aus mehr als fünfzigtausend

Glasstückchen, und der Schmelzvorgang für jedes einzelne Stück war äußerst kompliziert. Mit einem rotglühenden Eisen schnitt man jedes Blatt einzeln zurecht und paßte es nach unzähligen fehlgeschlagenen Bemühungen und nach sorgsamster Auswahl in die beste Position. Mitunter wurden auch Edelsteine in das Glas eingesetzt, und manche Werkstätten fügten der Schmelzmischung Saphirstaub bei. Gemeinsam mit den Unregelmäßigkeiten, Sprüngen, Blasen, Sandkörnern, Streifen ergab sich daraus die übernatürlich scheinende Intensität von Farben und Licht.

Woran dachten die Auftraggeber, Baumeister, Handwerker bei dieser Arbeit? Das Mittelalter war geschüttelt von apokalyptischen Erwartungen. Die Menschen fühlten allerdings eine Gegenkraft in sich, von der heute kaum mehr die Rede ist. Tausende Kathedralen und Kirchen wurden gebaut, Werke, die aus dem gleichen Geist wie das Nordfenster von Notre Dame hervorgingen; man dachte, handelte, lebte in einer Haltung, die jegliche Furcht vor Tod und Untergang zu überwinden vermochte.

Damit weiche ich nicht in die Vergangenheit aus, im Gegenteil, die Realität von damals soll unsere heutige Situation deutlicher erkennen lassen. Die Leute, die an diesen fünfzigtausend Elementen arbeiteten, dachten bestenfalls in zweiter Linie an jene, die das Rosenfenster später einmal von unten sehen würden. In der Rose, die einen Durchmesser von dreizehn Metern hat, sind die Einzelheiten von unten nicht erkennbar; erst ein halbes Jahrtausend später erzeugte man praktikable Ferngläser und installierte eine elektrische Beleuchtung, die eine genauere Beobachtung der Einzelheiten ermöglichte. Man sagt, auf den Glasfenstern seien auch die Wimpern der Heiligen und Engel dargestellt – ich habe sie nicht gesehen. Sie wurden jedenfalls für ein ganz anderes Auge geschaffen als das menschliche.

Man denke an die Hunderten Figuren weit oben in den Kathedralen, im Dunkel, wo nie natürliches Licht oder Kerzenschein hinkamen, oder an die Statuen auf den Dächern der Dome, unsichtbar für den menschlichen Betrachter. Für wen wurden sie geschaffen?

Man kann mit Sicherheit sagen, für Gott, der auch sieht, was die Menschen niemals wahrnehmen. Ich wage die Behauptung, der Bildhauer, Glasgießer, Maler hat sie in diesem Glauben ebenso für sich geschaffen. Sie waren sein Dialog mit Gott. Dadurch, daß er zu Seiner Ehre arbeitete, konnte er sich für einen Partner halten;

er war tief davon durchdrungen, daß das Werk von oben gesehen werde, er schuf in sich selbst diese Partnerschaft.

Längst verflossene Vergangenheit? Heute sei doch niemand mehr zu derlei bereit oder überhaupt fähig? Ernst Krenek sagte mir, er habe im Zweiten Weltkrieg in Amerika, als die Siege Hitlers am triumphalsten und Kreneks eigene Lage am schlimmsten schienen, als er überhaupt meinte, keine Note von ihm werde jemals wieder gespielt werden, ein überaus kompliziertes Chorwerk komponiert. Dieses Chorwerk »Lamentatio Jeremiae Prophetae« ist so abstrakt, daß er überzeugt war, es sei unspielbar. Es war nicht für eine Aufführung geschrieben. Entscheidend ist, daß er damals nicht aufgegeben, sondern weiterkomponiert hat, und zwar als größte Herausforderung – ein unaufführbares Werk. In diesem kreativen Akt schuf er sich einen Partner, der mehr hören konnte als ein menschliches Ohr.

Außerdem sollte es anders kommen. So hoffnungslos die Zukunft damals auch schien, heute werden Kreneks Werke an vielen Orten aufgeführt, man hat sich sogar um dieses »unaufführbare« Werk bemüht und es gesungen, so gut dies eben möglich war. Auch wenn nachträglich durch manche glücklichen Umstände Krenek nicht nur überlebte, sondern sehr alt wurde und seine Erfolge sehen und hören konnte, so handelte er doch damals aus einer die erfaßbare Realität überschreitenden Haltung. Er war kein Politiker, kein Aktivist, der auf die Straße ging oder Demonstrationen organisierte, auch wenn er gegen Hitler sprach, wo es ihm möglich war. Entscheidend war, daß er an seinem musikalischen Glasfenster arbeitete.

Der Kontrast zwischen einem solchen Verhalten und der allgemeinen Einstellung der Gegenwart ist auffällig. Doch ist er nicht so kraß, wie man vorerst feststellen zu müssen meint. Nur das von den Massenmedien, Schulen, Universitäten und den meisten heutigen Lehrern und Machern bestimmte sogenannte öffentliche Bewußtsein ist mit dem Wesen dieses Fensters unvereinbar. Während eines Symposions über Tradition und Revolution in der Literatur erklärte einmal Wystan Hugh Auden, erregt über die komplizierte Argumentation anderer Schriftsteller, er verstehe von ihren Ausführungen wenig, bei ihm sei das alles viel einfacher, denn – und dies ein wörtliches Zitat: »Ich schreibe für den lieben Gott.« Auden sprach diese Worte deutsch im Wiener Redoutensaal.

Nach dem Zweiten Weltkrieg waren Bernanos, Claudel, Mauriac, T.S. Eliot, Julien Green wichtig, und sie wären es heute noch, vielleicht sogar noch wichtiger als damals, gäbe es nicht – vor allem im deutschen Sprachraum – die Barriere des Schweigens, hinter der das Vergessen beginnt. Die Einseitigkeit des heutigen Kulturbewußtseins ist verblüffend und nur mit Freudschen Begründungen zu erklären. Allerdings scheint sich nach einer geradezu panischen Flucht aus der Metaphysik, nach einem Verdrängungsprozeß von gewaltigen Ausmaßen, in dem die Massenmedien eine führende Rolle spielten, langsam eine Änderung anzukündigen. Als eines der vielen Zeichen dafür mag etwa gelten, daß das Werk Ludwig Wittgensteins von der erschreckend deformierenden, einseitig wissenschaftstheoretischen Auslegung befreit wurde. Man besinnt sich darauf, daß sich darin auch ganz andere Gedanken finden. So steht im Tagebuch 1914–1916: »Das Gebet ist der Gedanke an den Sinn des Lebens.« Und: »An Gott glauben heißt sehen, daß das Leben einen Sinn hat.« Oder die für viele im Zusammenhang mit Wittgenstein sicher erstaunlichen Sätze: »Denn etwas ist wohl an der Auffassung, als sei das Schöne der Zweck der Kunst. Und das Schöne ist eben das, was glücklich macht.«

Auch bei Kafka, den viele als anarchischen Destrukteur, als Verkünder der Sinnlosigkeit mißverstanden haben, entdeckt man ganz anderes. Der »Prozeß« kann als modernes Gerichtsspiel, als eine Art »Jedermann« unseres Jahrhunderts verstanden werden, und in den Oktavheften findet man die für viele Kafka-Leser gewiß überraschenden Worte: »Alle Leiden um uns müssen auch wir leiden. Christus hat für die Menschheit gelitten, aber die Menschheit muß für Christus leiden.« (19. Februar 1918).

Ich bin überzeugt, daß man später einmal die geradezu manische Einseitigkeit der Kulturwahrnehmung und Kunstinterpretation von der Mitte der sechziger Jahre bis heute als ein interessantes psychisches Phänomen untersuchen wird. Spätfolgen von Marx, das Wiederaufkommen positivistischer Antireligiosität, vermischt mit einem rabiaten Aufstand gegen die Väter, ein in verschiedenen Sekten auftretender Religionsersatz, die in verschwommenem Irrationalismus entstandene »Postmoderne«, und das alles, so heterogen es auch sein mag, zusammengemischt durch Fernsehen, Magazine und Massenblätter, in Schulen und an Universitäten vorgetragen: dies ergibt das wirre Bild erfolgloser Substituierung einer fast verlorenen Religion, nach der aber, wenn auch oft unbewußt, das Verlangen geblieben ist.

In Zeiten von Katastrophen, Not und Zukunftsangst wird das Verlangen nach Kunst tiefer und dringender als in Zeiten des Friedens und Wohlstands. Das gilt für jene, die Kunst schaffen, wie für die anderen, die sie anschauen, hören, lesen. Doch ist dies kein zwingendes Gesetz, wenn wir erkennen, daß unser Leben und unsere existentielle Situation auch bei vollen Tischen, inmitten von Frieden und Wohlstand jeden Augenblick durch Krankheit, Tod, den Verlust nahestehender Menschen gefährdet sind. Die existentiellen Kraftquellen für die Kunst sind in Zeiten des Friedens und Wohlstands keineswegs schwächer – wir sind uns ihrer nur nicht bewußt, wir nützen sie nicht.

Es gibt in unserer Epoche Dichter, Maler, Komponisten, die das wissen. Zbigniew Herbert schreibt in dem Gedicht »Herrn Cogitos, des Reisenden, Gebet« die Worte: »Herr, ich danke Dir daß Du die Welt schufst mannigfaltig und schön / und dafür daß Du in Deiner unerschöpflichen Güte mir erlaubt hast / an den Orten zu sein die nicht die Orte meiner täglichen Pein sind / – daß ich am Brunnen lag auf dem Platz in Tarquinia nachts und das schaukelnde Erz vom Turm mir Deinen Zorn und Deine Vergebung kündete / ... verzeih mir daß ich an mich nur dachte während das Leben der anderen grausam und unabwendbar sich drehte um mich wie jene riesige astrologische Uhr in der Kirche von Beauvais / – hab Dank daß die Werke die Dir zur Ehre waren mir einen Teil von ihrem Geheimnis gelüftet haben so daß ich in großer Anmaßung meinte Duccio van Eyck Bellini hätten auch meinetwegen gemalt / ... laß mich die anderen Menschen und andere Sprachen und Leiden verstehen / ... laß mich vor allem demütig sein, das heißt mich sehen und von der Quelle trinken...«

In Peter Handkes Erzählung »Langsame Heimkehr« findet man den Ausruf: »›Kein Chaos!‹ war das einzige...« Später folgen die Worte: »Ist es vermessen, daß ich die Harmonie, die Synthese und die Heiterkeit will?« Dazu gibt es eine Voraussetzung: »Er konnte sagen, daß er sich des Lebens freute, mit seinem Tod einverstanden war und die Welt liebte.« Das Einverständnis mit dem Tod ist der Schlüssel für die Heiterkeit.

In seinem Dramatischen Gedicht »Über die Dörfer« läßt

Handke die Figur der Nova sagen: »Man kann nicht aufgeben. Spielt also nicht zur Unzeit die einsamen Menschen: denn wenn ihr euch selber zugetan bleibt, seht ihr da nicht in der Verlassenheit einen Schimmer der Götter?« Dann heißt es weiter: »Schüttelt euer Jahrtausendbett frisch. Bewegt euch. Die lebenslang Siechen, das seid nicht ihr.« Und: »Unsere Schultern sind für den Himmel da, und der Zug zwischen der Erde und diesem läuft nur durch uns.« Dann: »Nein, wir können nicht nichts sein wollen!« Und: »Laßt euch nicht mehr einreden, wir wären die Lebensunfähigen und Fruchtlosen einer End- oder Spätzeit... Wir hier sind so nah am Ursprung wie je...«

Zahlreiche Namen von Dichtern, Malern, Komponisten wären zu nennen, viele von ihnen scheinen nicht wie Handke häufig in den Berichten über die Kunst der Gegenwart und jüngsten Vergangenheit auf. Ihre Werke sind sehr verschieden, und auch sie haben unterschiedliche Phasen durchgemacht. Um nur einige Namen aus dem Bereich der Literatur zu nennen: Elias Canetti, Manès Sperber, Peter Huchel, Max Frisch, Heinrich Böll, Hermann Lenz, Siegfried Lenz, Hilde Domin, Karl Krolow, Ingeborg Bachmann, Christine Busta, Tankred Dorst, Christa Wolf, Kurt Klinger, Reiner Kunze; außerhalb des deutschsprachigen Bereichs im Westen: W.H. Auden, Isaac Bashevis Singer, Saul Bellow. Vor allem aber sind Autoren aus dem »politischen Osten« zu nennen, unter anderen: Alexander Solschenizyn, Alexander Sinowjew, Valentin Rasputin, Andrej Sinjawski, Czeslaw Milosz, Zbigniew Herbert, Slawomir Mrozek, Milan Kundera, Vaclav Havel.

Die Entwicklung jenes menschlichen Schaffens, das wir als Kunst bezeichnen, hat eine Vielfalt erreicht, die vor allem in jüngster Zeit kaum vereinbare Gegensätze in sich einschließt. Gewiß stellt sich oft die Frage, ob manche der schöpferischen Phänomene, die heute zur Kunst gezählt werden, noch zu ihr gehören, oder ob sie nicht ganz anderes wollen und sind.

Viele Werke wurden in neuer Absicht geschaffen, als Meditation, Animation, als soziale oder psychische Aktion – man kann beobachten, daß eine bisher nicht gesondert benannte, aber doch eine in allen phantasievollen Erscheinungen zusammengehörende Kreativität entsteht, die mit Kunst im herkömmlichen Sinn kaum mehr zu tun hat. Aber wenn auch diese neue Kreativität den Bereich der Kunst verläßt, wird sie mit ihr verwandt bleiben. Manche Grundmotive sind beiden gemeinsam.

Am Anfang der Kunst standen Beschwörungen, Anrufungen, Gebete, die Darstellung der göttlichen Ordnung der Welt, des göttlichen Gerichts. Die Kunst war eine Sprache, die von übermenschlichen Mächten gehört werden sollte. Sie wirkte über dieses Leben hinaus und sollte auf die Realität zurückwirken, Schicksalsgunst, Zuwendung, Hilfe, Nachsicht des Göttlichen herbeirufen. In welcher Staatsform, welcher Gesellschaft immer dies geschah – wenn die Not am größten war, waren die Gebete am tiefsten.

Auch Schrecken, Entsetzen, Angst wurden dargestellt, und die Gestaltung sollte ihnen ihre Macht nehmen. Das Schaffen der Kunst – lange nicht als Kunst bezeichnet – sprach mit Worten und Bildern die Beschwörung. Noch in den Teufelsfratzen der Figuren an den Kathedralen, den Wasserspeiern, dem Gespenstervolk mancher Bilder zeigt sich der Versuch, zu bannen, was uns bedroht.

Könnte man dies nicht auch von Kafka und manchen anderen Schöpfern einer scheinbar »schwarzen Kunst« des Zwanzigsten Jahrhunderts vermuten? Liest man nicht bei Kafka vom »Schreiben als Form des Gebetes«, und davon, daß er nur durch sein Schreiben, also durch das unbeirrbare Gestalten der ihn bedrohenden Kräfte – die aus ihm selbst kamen – zu existieren imstande war? Verhält es sich nicht ähnlich bei Beckett, Ionesco, Mrozek und vielen anderen?

Dem könnte man die oft zu hörende Behauptung entgegenstellen: Kunst sei vor allem Störung, Irritation und Kritik. Sie habe sich stets gegen das Bestehende, seine Ordnung und Normen gerichtet. Stets? Die Vergegenwärtigung von fünfzigtausend Jahren eines Tuns, das wir als Kunst bezeichnen, lehrt anderes.

Gewiß hat Kunst im Mittelalter Irritation ausgelöst, aber weniger, als wir – etwa bei Hieronymus Bosch – heute annehmen, denn sie war Kritik aus der Position des Glaubens und der Transzendenz an der Habgier, Genußsucht, Torheit, Gemeinheit, Grausamkeit, Lieblosigkeit der Menschen. Überwiegend war sie Ermutigung, Bestärkung, Orientierung, Darstellung von Beispielen aus dem Leben Christi und der Heiligen.

Wo sie damals als Kritik und Störung wirkte, unterschied sie sich von den künstlerischen Aggressionen seit dem Ende des 18. Jahrhunderts bis heute grundsätzlich: später nämlich wurde zwar ebenfalls die unvollkommene Realität kritisiert, aber gleichzeitig die für Illusion und Schwindel gehaltene Transzendenz haßerfüllt angegriffen. Die Stoßrichtung hatte sich umgekehrt, denn nun zielte sie *gegen* Religion, Glauben und Christentum. Politik, soziale Ideologien und in zunehmendem Maß Anarchismus, Nihilismus, Destruktion begannen eine effektvolle Rolle zu spielen. Die Überschau über Jahrtausende läßt uns dieses Phänomen allerdings mit Gelassenheit beurteilen.

Damit kein Mißverständnis entsteht: auch ausschließlicher Negation will ich die künstlerische Qualität nicht prinzipiell absprechen. Zu jener Kunst, die unser Tiefstes berührt, wird sie jedoch nicht gehören. Ein Teil des unmittelbar aus den Wurzeln wachsenden, tragenden Stammes der Kunst ist sie nicht. Es sind Äste, die vielleicht bald verdorren.

Das Ideal der Kunst ist Überschreitung. Die Überschreitung des Realen, der Grenzen des Individuellen und des Irdischen zugleich. Dabei wird evident, daß, wer Kunst schafft und wer sie erlebt, ihr nur in gemessenem Abstand selbst folgen kann. Die Worte, die Gilgamesch zugerufen werden, gelten auch dafür: »Gilgamesch, wohin läufst du? / Das Leben, das du suchst, wirst du nicht finden! / Als die Götter die Menschheit erschufen, / teilten den Tod sie der Menschheit zu, / nahmen das Leben für sich in die Hand.«

Diese Worte kann man auch in umgekehrter Richtung lesen: sie warnen davor, zu verachten und zu versäumen, was möglich ist. In der Kunst wird entworfen und erlebt, was in der Realität nicht in dieser Vollkommenheit nachgebaut oder nachvollzogen werden kann. Aus der realitätsüberschreitenden Sicht, die uns die Kunst eröffnet, lassen sich manche Schritte und Handlungen ausführen, die den Boden der Realität nicht verlassen, doch ohne diesen Blick nicht getan werden könnten.

Kunst transzendiert also die Wirklichkeit zum Bild der Vollendung oder zum Versuch der Beschwörung des Göttlichen. Oft ist sie der Aufbruch zu beidem: zum Bild der Vollendung *und* zum Akt der Beschwörung. Und beides – wohin sonst – auf Gott zu. Gerade die Kunst als Überschreitung läßt uns durch das Erfahren dieser Überschreitung das Lebensmögliche deutlich werden.

Schlußwort

»Die Menschen haben keine Ideale mehr« – tägliche Beispiele dafür sieht man im Fernsehen, hört man im Radio, liest man in den Zeitungen, erfährt man im Freundeskreis. »Politiker sind korrupt, sie tun alles für die Macht der eigenen Position, für ihr Bankkonto, ähnlich taktieren die Parteien, nämlich für ihren eigenen Vorteil, für die Karriere ihrer Funktionäre; das Interesse des Landes kommt an letzter Stelle.« Jeder wird darüber informiert: viele Beamte bereichern sich, nehmen Provisionen, verdienen an den Aufträgen, die sie vergeben, handeln für den eigenen Nutzen. Wo sind ihr Gewissen, ihre Korrektheit, ihre Verantwortung, ihre Selbstlosigkeit – wo sind die Ideale geblieben?

Die Massenmedien decken pausenlos neue Skandale auf, das ist ihr Auftrag, und tatsächlich wird dadurch oft die schlechte Nachricht zur guten Nachricht, denn sollte man niemals davon erfahren? Flutwellen von Korruptionsaffären, Lügen, Täuschungen, Dummheiten brechen über uns herein, und man meint, so schlimm wie heute sei es noch nie gewesen. Es gab allerdings bisher noch nie derart aktive Massenmedien, der Ehrgeiz permanenter Aufdeckung von Skandalen, Interessenverflechtung, Schiebungen hatte rein technisch noch niemals solche Möglichkeiten, in der Öffentlichkeit zu wirken. Man erfährt heute mehr als früher.

Gerade deshalb stellt sich die Frage nach den Idealen so deutlich: sind sie tatsächlich verschwunden, sind sie Merkmale vergangener Zeiten? Und wenn Ideale heute auftreten, fallen auf sie unvermeidlich die Schatten des Nationalsozialismus oder Kommunismus: gehören sie zur Konkursmasse der Achtundsechziger-Generation, zum romantischen Repertoire der Grünen oder zu den fanatischen Rückfällen Khomeinis und seiner Nachahmer ins Mittelalter? Die Versuchung ist groß, die Ideale mitsamt allen jenen, die sie deformiert, mißbraucht und verraten haben, zu den Ruinen der Vergangenheit abzuschieben.

Dennoch vermißt man diese Ideale im täglichen Leben, vor

allem in den westlichen Demokratien, aber kaum weniger in den Staaten des »Realen Sozialismus«, obwohl dort offiziell von Idealen viel zu lesen ist. Ideale beinhalten Zukunft, Hoffnung, Bejahung. Richtig aufgefaßter Idealismus ist eine Haltung, die Zynismus, Zerstörung, Selbstzerstörung, also Nihilismus, ausschließt. In historischen Phasen, in denen man Ideale in den Grenzen der Vernunft zu verwirklichen versuchte – wie in den besiegten Staaten nach dem Zweiten Weltkrieg, als man dort die Demokratien aufbaute, ebenso in manchen Geschichtsperioden der Vereinigten Staaten – war eine allgemeine Aufwärtsbewegung festzustellen. Mit der Wirtschaft, der politischen Moral, mit der Lebensfreude, der Arbeitsmoral, der Leistung, der Verantwortung ging es aufwärts – auch wenn man das oft erst Jahre später ermessen konnte.

Die Verwöhnung ganzer Generationen, die in Frieden und Wohlstand aufwuchsen, zugleich aber in eine Epoche der Auflösung der Familien, der bisherigen gesellschaftlichen Gewohnheiten und Normen, der Religion hineingerieten und dazu mit einer immer unüberschaubarer wuchernden Bürokratie konfrontiert wurden, diese Verwöhnung gemischt mit Vereinsamung mußte zu psychischer Labilität führen. Die Summe der Enttäuschungen aus eineinhalb Jahrhunderten ließ einen Nihilismus entstehen, der oft deshalb nicht mehr merkbar ist, weil er das Ausmaß einer Pandemie angenommen hat und zur Gewohnheit geworden ist.

Die Krisenhaftigkeit, von der die westlichen Demokratien ebenso wie die kommunistischen Staaten zunehmend erfaßt wurden, war vor allem auf den Verlust der Orientierung, der Werte, der Ideale zurückzuführen. Untersucht man die Situation genauer, entdeckt man hinter der weitverbreiteten Ratlosigkeit und Resignation, in der zumindest latent vorhandenen Katastrophenstimmung ein Verlangen, zu einer neuen Klarheit zu finden. Wer nicht alles aufgegeben hat und sich mit seiner traurigen Rolle in einem Endspiel nicht zufriedengibt, will wissen, wie es sich mit der Notwendigkeit, den Möglichkeiten und den Gefahren von Idealen – also mit Werten und Sinninhalten – verhält.

Das Resultat meiner Untersuchung fällt zuversichtlich aus. Da ich mich, wie mein zuletzt erschienenes Buch »Nihilismus heute oder Die Geduld der Weltgeschichte« ausweist, zunächst einmal mit den erschreckenden Phänomenen der Selbstzerstörung, der Zerstörung, des Nihilismus auseinandergesetzt habe, näherte ich mich den Idealen allerdings mit Vorsicht. Man soll die Gegenkräfte kennen, wenn man sich mit Idealen beschäftigen will.

Die entscheidende Frage ist, ob Menschen bereit sind, sich zu ändern, ob sie lernfähig und imstande sind, durch eine Bewußtseinserweiterung selbst ein neues Verhalten herauszubilden. Von der antiken Philosophie bis zur heutigen Psychologie ist diese Frage bejaht worden. Die geistigen Bemühungen der Menschheit, die sich in unzähligen Schriften und Taten niedergeschlagen haben, sind der überwältigende Beweis für ihre Entwicklungsfähigkeit. Dennoch sieht die Welt aus, wie sie ist.

Dostojewski läßt in den »Dämonen« Kirillow zu Stawrogin sagen: »Der Mensch ist unglücklich, weil er nicht weiß, daß er glücklich ist.« In den »Brüdern Karamasow« erklärt Iwan Karamasow seinem jüngeren Bruder Aljoscha: »Man muß das Leben liebgewinnen... dann erst wird man den Sinn des Lebens begreifen... Die Hälfte deiner Arbeit ist getan, wenn du das Leben liebst.« Diese Worte bedeuten auch, daß eine solche Haltung erlernbar ist.

Wer ohne sich bloß dahintreiben zu lassen handelt, redet, lebt, ist dabei oft unbewußt von dem Glauben getragen, daß sein Tun nicht nur einen Zweck, sondern auch einen Sinn hat. Wir verstehen oft zu wenig von uns selbst und unserem Tun, doch wir hoffen, solange wir atmen und umgekehrt, was im Lateinischen sogar verwandt klingt: »Spiro, spero.«

Die heutige Gesellschaft ist zwar weitgehend eine Gesellschaft von Nihilisten, nicht aber von realen Selbstmördern. Noch sind Lebenswille, noch die biologische Kraft und damit die Wurzel von Hoffnung, Zukunft und Idealen vorhanden. Das Bewußtwerden dieser Tatsache kann sie verstärken.

Viele leben, als hätten sie Ideale, obwohl sie selbst dies leugnen. Andere bezeichnen sich als Christen, halten sich sogar an die kirchlichen Rituale, nennen sich Idealisten – und sind in ihrem Handeln Zyniker und Nihilisten. Zweifelhaft ist das Bild, das die meisten Menschen von sich haben. Nicht die Worte, mit denen sie sich darstellen, sondern ihr Verhalten und ihr Tun sagen die Wahrheit.

Wer sich als Christ oder Humanist, ja als Idealist bezeichnet, jedoch entgegengesetzt handelt, kann, wenn er sich dessen bewußt wird, mit Willenskraft manches an sich korrigieren. Gerade die christliche Religion mit ihren Haupttugenden Glaube, Hoffnung und Liebe führt auf diesen Weg. Aber was ist jenen zu sagen, die erklären, nicht glauben zu können, an keine Religion und keinen Gott? Manche sprechen und verhalten sich als Humanisten, üben Nächstenliebe, handeln, als würden sie glauben, obwohl sie sich als Agnostiker und Atheisten bezeichnen. Man hat freilich nicht das Recht, jemandem das Gegenteil dessen zu unterstellen, was er mit durchdachten Begründungen vertritt, dennoch gibt es mehr Menschen als man meint, die glauben, ohne es zu wissen.

Gerade die Schrecken der beiden Weltkriege, der Zusammenbruch nationalsozialistischer Wahnideen und kommunistischer Utopien, die konkrete Gefahr der Weltvernichtung, die Fragwürdigkeit der Politik und die Sinnkrisen im individuellen Leben bieten uns heute die Chance, deren Ursachen zu untersuchen und daraus die Grundlage für künftige realistische Möglichkeiten zu gewinnen. Ideale sind lebensnotwendig, doch bedarf es der Erfahrung, um die Annäherung an sie nicht zu verfehlen.

Das Informationspotential unseres Zeitalters, das uns in noch nie dagewesener Weise die Erfahrung der Vergangenheit verfügbar macht, kann sich als hilfreich erweisen, wenn man es nützt. Der gewaltigen Anzahl von Menschen, die in Zeiten des Chaos und der politischen Wirren trotz aller demagogischen Versuchungen im Sinn von Glauben, Hoffnung und Liebe gehandelt haben, verdanken wir, daß die Gegenwart immerhin so lebenswert wurde, wie sie ist. In diesem Buch habe ich versucht, alte und neue Erfahrungen aus der Vergangenheit heranzuziehen, um klarzumachen, wie viel trotz aller Katastrophen immer wieder geschen ist, um die Ideale nicht in Massengräbern und Hohngelächter untergehen zu lassen. Es hat in jeder Stadt mehr als zehn Gerechte gegeben, die uns gerettet haben.

Wenn Paulus erwähnt, daß Gott über Abraham sagte: »Er hat geglaubt auf Hoffnung, da nichts zu hoffen war« (Brief an die Römer 4,18), und ihn als Beispiel der Hoffnung anführt, so können wir feststellen, daß es heute immerhin reale Gründe zur Hoffnung gibt. Man sollte nicht übersehen, wie viele Aufforderungen zur Hoffnung und zur Freude die Evangelien und die Paulusbriefe enthalten – sie können die Ergebnisse einer Untersuchung bestärken, die auf vielen Gebieten darlegt, daß in unserem Dasein das Paradies zwar niemals zu erreichen ist, Spuren des Paradieses aber durchaus zu finden sind.

Der Umstand, daß diese Probleme der Allgemeinheit bisher nur in erschreckend geringem Grad bewußt sind, ist schuld daran, daß Ideale falsch aufgefaßt werden und durch eine verfehlte Annäherung an sie so oft ungewollt Katastrophen herbeigeführt wurden. Die letzten eineinhalb Jahrhunderte waren eine unabweisbare Lehre, die uns zu Erkenntnissen verhelfen kann. Über die richtige Einstellung zu Idealen, über ihre Notwendigkeit und ihre Gefährlichkeit, über den Punkt, an dem das eine in das andere umschlägt, kann man heute Kompetentes sagen. Der Zeitpunkt scheint gekommen, zu dem auch eine weitere Allgemeinheit diese Erfahrung gewinnen und nützen könnte.

Der Sündenfall unserer Epoche ist der Irrtum, daß das Paradies auf Erden zu erreichen sei. In wechselnden Verkleidungen reicht dieser Irrtum bis in das Leben vieler Einzelner, die meinen, in ihrem Leben das vollkommene Glück finden zu können. Unsere jüngere Vergangenheit ist gekennzeichnet vom falschen Umgang mit Idealen und der Faszination ruinöser politischer Ideen, die als Ideale mißverstanden wurden. Daraus abzuleiten, daß Ideale überhaupt abzulehnen seien, ist jedoch ein Fehlschluß, der den bisherigen Irrtum mit umgekehrtem Vorzeichen weiterführt.

Die realen und psychischen Katastrophen, Schocks und Enttäuschungen, die durch diese Fehlauffassung ausgelöst wurden, erscheinen uns heute schon als verständliche Folgen. Wenn wir sie nicht verdrängen, verhelfen sie uns zu einer »wissenden Hoffnung«, einer »docta spes«, die für die Annäherung an Ideale – innerhalb der von der Schwerkraft irdischer Unvollkommenheit gezogenen Grenzen – unentbehrlich ist. Dort finden wir die Spuren des Paradieses.

Dank

Ich danke dem österreichischen Fonds zur Förderung der wissenschaftlichen Forschung für die konkrete Hilfe zur Ausführung dieser Arbeit, und in diesem Zusammenhang besonders dessen Generalsekretär Raoul Kneucker. Für zahlreiche fruchtbare Gespräche und Rat danke ich Robert Reichardt, Professor für Soziologie und Sozialphilosophie an der Universität Wien und Projektleiter, der mein Buch für wichtig genug hielt, es mit einem Nachwort zu versehen.

Ich danke Hans Polak, dem Leiter des Paul Zsolnay Verlages, dem Freund gemeinsamer früher Jahre in diesem Verlag, in dem ich damals als Lektor gewirkt habe. Ich danke Alexandra Auer, die ich dort als Lektorin antraf und die mit mir an der Endfassung des Buches gearbeitet hat. Für viele Anregungen und Gespräche über Themen dieses Buches danke ich meinen Freunden aus dem Wissenschaftskolleg zu Berlin Stanislaw Lem und Odo Marquard.

Ohne die Mithilfe aller dieser freundlichen Kräfte und Gedanken hätte ich dieses Buch nicht schreiben können.

Die Wut zur Gleichheit und der schizoide Mensch
Epilog zu Wolfgang Kraus' »Die Spuren des Paradieses«

von

Robert H. Reichardt

I

Groß ist die Fülle der Probleme und Gesichtspunkte, die durch das vorliegende Buch von Wolfgang Kraus angesprochen werden. Das macht seine Anregung und Faszination aus. Man könnte nun als Wissenschaftler die verschiedenen Themata aufgreifen, weiterspinnen, vielleicht neu systematisieren und durch Fakten und empirische Daten ergänzen. Was hülfe aber dem Leser an dieser Stelle ein gelehrtes Brillenputzen und Zettelsortieren?

Ich will mich lieber darauf beschränken, zwei Charakteristika unserer Zeit zu erörtern, die in unmittelbarem Zusammenhang mit der Thematik der Ideale stehen, zum Teil auch in diesem Buch bereits angesprochen sind, jedoch auf den ersten Blick nicht zur Systematik einer »Ideale-Theorie« zu gehören scheinen. Durch das Aufgreifen dieser Thematik wird aber gleichsam – metaphorisch ausgedrückt – der Kuchen unseres Problemkreises von einer anderen Richtung her durchgeschnitten, so daß wieder neue Schichten, beziehungsweise genauer: neue Blickwinkel auf die Struktur der Problemschichtung freigelegt werden.

Vor kurzem hat ein mathematisch orientierter Sozialwissenschaftler in Wien Experimente mit Studenten durchgeführt, in welchen diese um die Verteilung von Geldbeträgen verhandeln mußten, wobei aufgrund mathematisch genau beschreibbarer Strategie-Möglichkeiten jeder innerhalb einer Vierergruppe unterschiedliche Durchsetzungs- und Gewinnchancen hatte. Zur Überraschung des Forschers resultierte in den meisten Fällen eine Gleichverteilung. Die durch die Spielanordnung Privilegierten wollten ihre Gewinnchancen nicht ausnützen. Ähnliche Befunde ergaben sich auch bei anderswo durchgeführten vergleichbaren Experimenten, sogar dort, wo faktische Leistungsunterschiede den Zugang zu größeren oder kleineren Anteilen bestimmt hätten. Das Beispiel zeigt, in wie starkem Maße das Gleichheitsprinzip in den heutigen Studentenpopulationen verankert ist und von da aus zweifellos auch in weite Teile der jüngeren Generation im allgemeinen ausstrahlt. Vermutlich steht diese Entwicklung im Zusammenhang mit allgemeinen, insbesondere politischen Entwicklungen im europäischen Raum, in welchen tendenziell seit Ende des Zweiten Weltkrieges die Bedeutung der Linksparteien – die ja in besonderem Maße das Egalitätsprinzip vertreten – und der Wille zur Demokratisierung im allgemeinen zugenommen haben.

So positiv das Gleichheitsprinzip im politischen Bereich ist, so bedenklich sind andererseits Entwicklungen, es zu generalisieren und auf Gebiete zu übertragen, in denen es auf die Dauer nicht funktionieren kann. Das gilt insbesondere für die schon fast modische Erscheinung, kulturelle Leistungen prinzipiell als gleichwertig anzusehen. So schrieb kürzlich ein junger Künstler in einem Ausstellungskatalog: »Aus dieser inneren Offenheit heraus versuche ich zu arbeiten, ohne Vorstellung und Vorgabe. Die einzige Vorgabe ist das Material – Farbe, Wasser, Leinen oder Papier. Die Farbe tropft entweder auf den Malgrund oder wird mit Pinseln, Spachteln oder mit den Fingern verteilt. Wenn Kunst von ›Können‹ kommt, hat meine Arbeit damit nichts zu tun. Das, was ich mache, ist so einfach, daß es jeder tun kann.«[1]

Natürlich sind Bestrebungen positiv zu werten, die Distanz zwischen professionellem Künstler und Amateur oder interessiertem Publikum zu verringern und letztere zu aktivieren. Doch geht es hier um die Frage, ob überhaupt jegliche Bewertung künstlerischer Leistungen entfallen soll. Bei einer Reihe von mir mit bildenden Künstlern und Kunsterziehern durchgeführten Interviews ergab sich, daß in den Meisterklassen heute in Österreich die Professoren fast immer von einer Kritik der Arbeiten ihrer Schüler Abstand nehmen. Handwerkliche Kriterien sind überhaupt verpönt. Diese Egalisierungstendenz im Berich kreativer Leistungen muß tiefe Wurzeln haben. Ich möchte geradezu von einer »Wut zur Gleichheit« sprechen. Wie anders wäre sonst die Akzeptanz gegenüber den in der letzten Zeit auf den Schallplattenmarkt kommenden Klassiker-Verhunzungen zu erklären? Nicht, daß

1 *Zwischen Aktentasche und Palette*, Hrsg.: NÖ. Kulturforum, S. 30

musikalische Meisterwerke vor jeder Weiterverwendung antiseptisch geschützt werden sollten! Aber es ist ein gewaltiger Unterschied zwischen den originellen und eigenschöpferischen Klassiker-Verjazzungen eines Eugen Cicero oder eines Art Tatum und etwa der Verstümmelung des Anfangs der g-moll-Symphonie von Mozart durch De los Rios, in welcher gerade die Teile aus der Melodie herausgeätzt werden, wo sich durch repetitive Momente eine Anstauung der musikalischen Kinetik und damit die Zunahme von Spannung ergibt. Mozart wird in das erbärmliche 32-Takte-Schema billiger Schlager gepreßt. Hier muß so etwas wie eine Zerstörungswut gegenüber einer »musikalischen Autorität« Mozart am Werke sein. Vermutlich ist nicht einmal mehr die noch von Adorno angenommene latente Ambivalenz wirksam, wie sie in seinem nachstehenden Zitat anvisiert wird: »In der scheinbar massenfreundlichen Forderung des Einfachen verrät sich unverschämte Geringschätzung der Massen, der hämisch-behagliche Glaube an ihre naturgegebene Primitivität, die doch selber nichts anderes ist als der Inbegriff alles dessen, was von je, und stets aufs neue, den Massen widerfuhr. Deren eigener Haß auf das Komplizierte aber birgt als innerstes Geheimnis die Empörung darüber, daß sie es sich verbieten müssen. Sie hassen, was sie nicht lieben dürfen.«[2]

Hinter der Ablehnung jeglicher Kriterien zur Bewertung von Qualitätsunterschieden in Werken kultureller Kreativität verbirgt sich die Absolutsetzung des Egalitätsprinzips. Dieses hat seine volle uneingeschränkte Berechtigung im politischen Bereich. Die Verwechslung besteht darin, daß die Dignität kultureller Werke noch lange nichts über den Wert ihres Urhebers in irgendeinem ethischen Sinne aussagt und schon gar nicht Unterschiede politischen Einflusses oder gar politischer Macht ihrer Urheber etablieren kann. Wenn hier dafür plädiert wird, daß es Qualitätsunterschiede zwischen verschiedenen kulturellen Leistungen gäbe und daß diese wahrgenommen werden sollten, so sollte dies nicht als Eintreten für eine rückwärts gewandte Kunst- und Kulturanschauung mißverstanden werden. Gewiß wird man die durch die unzähligen kunstgeschichtlichen Auseinandersetzungen etablierten Rangunterschiede zwischen Künstlern der Renais-

2 Adorno, Th. W.: *Dissonanzen. Musik in der verwalteten Welt.* Göttingen, 4. Ausg. 1969

sance oder des Barock kaum mehr mit ästhetischen Argumenten erschüttern können. Aber hinsichtlich der neueren und neuesten Kunst sind eben die Kriterien durchaus im Fluß und sollten auch immer neu erarbeitet und diskutiert werden. So finde ich zum Beispiel Andy Warhol in seinen frühen Arbeiten einen bedeutenden Künstler, was sich dadurch verdeutlichen läßt, daß er neben der eigentlichen optischen Ebene weitere »Meta-Ebenen« ironischer Distanz hat – wie übrigens viele Künstler unserer Zeit. Beispielsweise entlarvt er durch die massive Anwendung der Reklametechnik die Reklame selber; die Einmaligkeit des Stars, die zugleich eine Standardisierung seiner Person ist, wird durch die vielfache Wiederholung des Monroe-Bildes desavouiert. Diese Analyse zeigt zugleich aber auch, daß derartige intellektuelle Deutungsebenen, die mit zum Kunstwerk gehören, ihren Stellenwert aus der historischen Situation von dessen Entstehung gewinnen, als Einfall nicht wiederholbar sind und auch nicht »stilbildend« wirken können.

2

Das Phänomen der Spezialisierung des Menschen steht in einem merkwürdigen Spannungsverhältnis zum Egalitätspostulat. Für Marx war bekanntlich die Arbeitsteilung ein Ausgangspunkt für die Entstehung von Herrschaft von Menschen über Menschen. Von daher leitet sich das noch gegen Ende der sechziger Jahre bei linken Autoren meist zu beobachtende Mißtrauen gegen Spezialisierung und die Differenzierung menschlicher Tätigkeiten her, das seither allerdings einer Wiederentdeckung und Würdigung der Subjektivität gewichen ist.

Einen andersartigen Weg ist Durkheim gegangen. In seinem berühmten Werk über die Arbeitsteilung[3] betrachtet er die Arbeitsteilung als ein abgeleitetes Phänomen, dessen Ursachen tiefer liegen müßten. Diese Ursachen findet er in der Zunahme dessen, was er »densité morale« nennt. Er versteht darunter die Häufigkeit und Intensität der Kontakte zwischen den Menschen, deren Zunahme sowohl durch Bevölkerungswachstum wie durch die Verbesserung der Kommunikationsmöglichkeiten bedingt sein könne. Unter Anspielung auf die Feststellung Darwins, daß die

3 Durkheim, E.: *De la division du travail social,* Paris 1930 (Erstausgabe 1893)

Konkurrenz zwischen Organismen um so heftiger sei, je ähnlicher sie sich seien, argumentiert Durkheim, daß mit der Zunahme der »densité morale« auch die Konflikte zwischen den Menschen zunehmen müßten. Vor dem Kampf aller gegen alle rettet nun – etwas emphatisch ausgedrückt – kulturgeschichtlich gesehen die Menschheit das Aufkommen der Spezialisierung. Der Spezialist leistet etwas für andere, das diese benötigen, aber nicht selber leisten können. Auch bei größeren Bevölkerungszahlen wird es daher möglich, daß von den Vielen jeder einzelne durch sein Spezialistentum unersetzlich wird; es entsteht das, was Durkheim »solidarité organique« nennt.

Die Durkheimischen Überlegungen gewinnen angesichts der seitherigen Entwicklung eine bestürzende Aktualität: nicht nur sind durch Vorgänge der Monotonisierung und Standardisierung der Arbeit in der Industrieproduktion die Menschen wieder auswechselbar geworden, sondern es wird der Mensch als solcher in manchen Bereichen der Industrieproduktion durch das Aufkommen der Roboter überflüssig. Es wird dabei viel zu wenig gesehen, daß der Ausweg nur in der Aufwertung derjenigen Tätigkeitsbereiche liegen kann, in welchen der Mensch für eine absehbare Zeit nicht durch Roboter ersetzt werden kann, ob das nun sogenannte »soziale« oder kulturelle Tätigkeiten sind. Dabei sollte man sich an Durkheims Argumente erinnern und nicht die Bedeutung der Differenzierung der Individuen vergessen.

3

Die bisherigen Überlegungen haben sich zur Frage zugespitzt, wieweit Spezialisierung und Differenzierung der Individuen notwendigerweise mit einer Hierarchisierung, also einem Unten-Oben-Verhältnis verbunden ist und wie dieses zu bewerten sei. (Mein Argument war ja, daß wir im kulturellen Bereich eine Hierarchie in der Qualität unterschiedlicher Manifestationen annehmen müssen, wollen wir nicht ein vielleicht jetzt noch unvorstellbares Banausentum heranzüchten, daß aber das politische System auf der absoluten Geltung des Egalitätsprinzips basieren müsse.) Das Problem hat aber noch eine weitere Facette. Es geht um die Frage der Sozialisation, um die Bedingungen, unter denen der Mensch aufwächst und die seinen Charakter prägen. So wendet beispielsweise A. Smudits[4] unter Bezugnahme auf L. Kohlberg[5] folgende Dimensionen innerer Steuerungsmechanismen zur Charakterisierung unterschiedlicher Persönlichkeitstypen an: a) hierarchisierende oder nicht hierarchisierende Ordnungsprinzipien in der Weltsicht, b) universalistische versus partikularistische Beurteilungskriterien, c) Innenlenkung versus Außenlenkung. Dazu nimmt er als weiteres Charakterisierungsmerkmal die Einstellung zur Körperlichkeit des Menschen hinzu.

Zunächst scheinen die aus der Kombinatorik innerhalb dieser Dimensionen hervorgehenden Möglichkeiten zu interessieren. Es geht aber A. Smudits wie anderen Autoren, die mit ähnlichen Begriffsbildungen arbeiten, eher um die Herausarbeitung eines idealtypischen »bürgerlichen Subjekts«, das historisch vor allem dem späten 19. Jahrhundert zugeordnet wird und dessen Auflösung im 20. Jahrhundert studiert werden soll. Bei dieser Auflösung geht es hinsichtlich des Körpergefühls um eine »Befreiung« und hinsichtlich des hierarchisierenden Ordnungsprinzips um das Platzgreifen egalitärer Kriterien. Es werden damit das Freiheits- und das Gleichheits-Prinzip aneinander gebunden.

Von den vielfältigen Problemen, die eine derartige Betrachtungsweise aufwirft, möchte ich an dieser Stelle nur einen wichtigen Punkt behandeln. Die scheinbar sich so mühelos zu einem »bürgerlichen Subjekt« fügende Koppelung des Universalismus mit dem hierarchisierenden Prinzip der Weltsicht erweist sich bei näherem Zusehen als höchst problematische Konstruktion. Universalismus bedeutet ja, daß unabhängig von Naheverhältnissen zu Personen oder deren Herkunft und Titeln rein problemadäquate Beurteilungs- und Analyse-Kriterien von allgemeiner Gültigkeit angewandt werden. Das bedeutet aber auch einen Impetus, der Hierarchien einzuebnen vermag. Nicht zufällig hat der sogenannte »Neopositivismus« des Wiener Kreises – ein besonders universalistischer Ansatz der Weltsicht – zum guten Teil von einer gegen Autoritäten (damals vor allem kirchlichen) gerichteten Attitüde seinen Ausgang genommen.

Der Universalismus im kognitiven Sinn ist besonders ausgeprägt in den Formalwissenschaften, da hier die universell zu gel-

4 Smudits, A.: *Wandel der Aufwachsbedingungen – Wandel der »Weisen des Umgangs mit der Welt«*, in: Österr. Zs. f. Soziol., 9. Jg. (1984), Heft 3, S. 44–53
5 Kohlberg, L.: *Zur kognitiven Entwicklung des Kindes*, Frankfurt a. M. 1974

tenden Prinzipien besonders klar darstellbar sind. Eine einprägsame Veranschaulichung des Universalismus-Prinzips liefert der erstsemestrige geniale Mathematikstudent, der ohne weiteres einem berühmten Mathematikprofessor einen Ableitungsfehler nachweisen kann, ein Vorgang, der sicher nicht so leicht in einem Fach wie Kunstgeschichte oder Moraltheologie vorstellbar ist. Es ist daher auch kein Wunder, daß die Aufstiegskanäle für Unterschichtkinder, die von ihrem Elternhaus her im sprachlichen Ausdruck oft Mühe haben, sich in den exakten Wissenschaften finden. Ich vermute sogar, daß ein geheimer Zusammenhang zwischen der Vorliebe der jüngsten Generation für den Umgang mit Computern und der eingangs besprochenen intensiven Geltung des Egalitätsprinzips besteht. Nicht zufällig sprechen Jugendliche offen aus, daß ihnen am Computer gefällt, daß er nicht mogeln und nicht lügen kann und daß er sich dadurch wohltuend von Eltern und Geschwistern unterscheide.

Es zeigt sich also: Universalismus ist ein Prinzip, das – im negativen Sinn – »gewachsene« regionale Unterschiede einebnen kann, das aber auch – im positiven Sinn – »falsche Götzen« zum Wanken bringen und gleiche Startbedingungen, also Chancengleichheit bewirken kann. Innerhalb dieser gleichartigen Startbedingungen kann es dann zu einem Leistungswettbewerb und damit auch wieder zu einem Oben-und-Unten kommen. Die weiter oben problematisierte Koppelung des Universalismus mit der Hierarchisierungstendenz läßt sich also nur dann weiter behandeln, wenn man innerhalb der Hierarchien Unterscheidungen trifft, etwa zwischen den »altmodischen« Formen der durch Herkunft oder Tradition bedingten Rangunterschiede und den aus einem fairen Wettbewerb hervorgegangenen. Aber auch die Frage nach der »Fairneß« eines Wettbewerbs wird zu einem unendlichen Regreß an Egalitätsbedingungen führen.

In welchem Zusammenhang steht nun aber die hier aufgerollte Problematik des Gleichheitsprinzips mit den Idealen? Ideale wenden sich an Subjekte; sie bilden einen Appell an Subjekte, eine höhere Wertigkeit anzustreben. Die extensive Anwendung des Egalitätsprinzips, in welcher individuelle Differenzierungen bereits suspekt werden, muß in einen Gegensatz zu der Vorstellung von Idealen geraten. Dies gilt nicht für die sinnvolle Anwendung des Gleichheitsgrundsatzes, in dem dieser auf den politisch-rechtlichen Bereich beschränkt bleibt.

4

In den Vorlesungen, die ich bei Karl Jaspers hörte, hat dieser mehrfach darauf hingewiesen, daß man psychische Erkrankungen, die in einem bestimmten Zeitalter gehäuft auftreten, als Charakteristika für diese Zeit, gleichsam als »Leitfossilien« sehen könne. So stehe das gehäufte Auftreten von Hysterie in der Barockzeit in einem Zusammenhang mit dem bis zur Exaltiertheit und zur Theatralik reichenden Pathos des Barockmenschen, dem besonders strenge Disziplinierungstendenzen und Moralvorschriften gegenübergestanden seien. Für unsere Zeit hat Karl Jaspers die Schizophrenie als »Leitfossil« angenommen.

In der Tat verlangt das moderne Leben von uns permanente Umstellungsprozesse. Mit der Überschneidung der vielfältigsten Verkehrskreise und Milieus wird der moderne Mensch gezwungen, immer wieder auf ein anderes Verhaltenssyndrom umzuschalten. Noch faßbarer werden diese Umstellungsleistungen durch die Reiz- und Informationsüberflutung durch die Massenmedien. In den Nachrichtensendungen des Fernsehens müssen wir blitzschnell vom Bild der ausgemergelten Hungernden in der äthiopischen Wüste auf eine Modeschau oder eine Budgetverhandlung umschalten. In den Kunstbüchern und Kultursendungen werden uns Lebensstile und Kunstwerke aller Zeitalter und Regionen angeboten. In unserer Gesellschaft existieren Subkulturen, die vollständig konträre Bewegungs- und Verhaltensmuster anbieten und propagieren.

Dies alles kann man nur aushalten entweder durch eine quasi schizoide psychische Verfassung, durch enorme Verarbeitungs-Anstrengungen, oder durch Vereinfachungsmechanismen, etwa den Starkult oder das monomane Sich-Anschließen an Sekten oder Subkulturen.

Doch dieses Geworfenwerden in ein Meer unübersehbarer Informationsmöglichkeiten wird in den kommenden Jahrzehnten durch die Entwicklung der Elektronik noch zunehmen. Nicht nur wird durch diese das Medienangebot weiter unabsehbar vervielfältigt, vielmehr wird auch im Bereich der ästhetischen Anwendung die Vielfalt der kombinatorisch erzeugbaren Strukturen das Fassungsvermögen des menschlichen Geistes – oder zumindest: des menschlichen Nervensystems – strapazieren. Bei einem Aufenthalt in Japan konnte ich beobachten, daß hier Menschen imstande waren, sich blitzschnell vom Umgang mit hochtechnisierten Geräten auf durch Jahrhunderte tradierte Meditationsformen umzustellen. Liegt in der Umstellungsfähigkeit oder in der Integrationsfähigkeit unserer Psyche die Lösung der hier auf uns zukommenden Probleme? Ich vermute, daß die Lösung in einer Kombination beider Prinzipien liegen wird.

Auch das Thema der uns zu Schizoiden machenden modernen Lebensformen steht in einem Zusammenhang mit den Idealen. Diese sollten ja ihrer Konzeption nach etwas sein, das den Menschen gleichsam »zentriert«, gleichsam auf ein Ziel ausrichtet. Die Kraft, die das Streben nach derartigen Zielen abverlangt, kann zerflattern in den Umstellungsprozessen des schizoiden Menschen. Ein »Polytheismus« von Idealen ist nicht in beliebiger Weise möglich. Ideale stellen uns vor Entscheidungen, denen wir nicht ausweichen können, es sei denn, wir wendeten uns von ihnen ab.

Wenn in diesem Epilog zwei Erscheinungsformen des modernen Lebens verhandelt worden sind, die beide in einem Spannungsverhältnis zu den Idealen stehen, so sollte dies nicht als Aufforderung zum Pessimismus mißverstanden werden. Es liegt immer im Erkennen von Situationen und in deren kreativer Transformation eine große Herausforderung und Chance.

Robert Reichardt, geboren 1927 in Basel, Schüler u. a. von K. Jaspers, Professor für Soziologie, Sozialphilosophie und Methodenlehre an der Universität Wien, ordentliches Mitglied der Akademie der Wissenschaften, Wien.

Literaturverzeichnis

1. Einzelveröffentlichungen

Adler, Alfred: *Menschenkenntnis*, Frankfurt 1966 (1926). *Über den nervösen Charakter*, Frankfurt 1972 (1912). *Heilen und Bilden*, Frankfurt 1973 (1914). *Der Sinn des Lebens*, Frankfurt 1973 (1933). *Praxis und Theorie der Individualpsychologie*, Frankfurt 1974 (1930). *Religion und Individualpsychologie*, Frankfurt 1975 (1933). Mit E. Jahn: *Religion und Individualpsycholgie*, Frankfurt 1975 (1933).

Allerbeck, Klaus R. / Rosenmayr, Leopold: *Einführung in die Jugendsoziologie, Methoden, Theorien, Materialien*, Heidelberg 1976

Améry, Jean: *Jenseits von Schuld und Sühne. Bewältigungsversuche eines Überwältigten*, Stuttgart 1977 (1966). *Weiterleben – aber wie?*, Stuttgart 1982

Anders, Günther: *Die Antiquiertheit des Menschen. Über die Seele im Zeitalter der zweiten industriellen Revolution*, München 1956, Band II, München 1980

Aristoteles: *Nikomachische Ethik*, Hg. u. Übers. Franz Dirlmeier, Berlin 1956

Aron, Raymond: *Plädoyer für das dekadente Europa*, München 1978 (1977)

Bargel, T.: *Überlegungen und Materialien zu Wertdisparitäten und Wertwandel in der Bundesrepublik Deutschland*, Berlin-Paderborn 1978

Barron, John: *KGB heute*, Bern 1984 (1983)

Barth, Hans: *Masse und Mythos*, Hamburg 1959

Bell, Daniel: *Die nachindustrielle Gesellschaft*, Frankfurt 1975 (1973). *Die Zukunft der westlichen Welt. Kultur und Technologie im Widerstreit*, Frankfurt 1976

Berdjajew, Nikolai: *Wahrheit und Lüge des Kommunismus*, Luzern 1934. *Der Sinn der Geschichte*, Tübingen 1950

Berger/Berger/Kellner: *Das Unbehagen in der Modernität*, Frankfurt 1973

Berger, Peter L.: *Auf den Spuren der Engel. Die moderne Gesellschaft und die Wiederentdeckung der Transzendenz*, Frankfurt 1970 (1969)

Bergius, R.: *Formen des Zukunftserlebens*, München 1957

Bettelheim, Bruno: *Aufstand gegen die Masse. Die Chance des Individuums in der modernen Gesellschaft*, München 1980 (1960)

Bielka, Erich: »*Österreich und seine volksdemokratischen Nachbarn*« in *Die Ära Kreisky – Schwerpunkte der österreichischen Außenpolitik*«

Biran, Sigmund: *Melancholie und Todestrieb*, München 1961

Bittner, Günther: *Für und wider die Leitbilder*, Heidelberg 1964

Bleistein, Roman: *Wertwandel oder Wertzerfall, Stimmen der Zeit*, Freiburg i. Br. 1982

Bollnow, Otto Friedrich: *Wesen und Wandel der Tugenden*, Frankfurt 1958

Brezinka, Wolfgang: *Der Erzieher und seine Aufgaben*, Stuttgart 1966. *Metatheorie und Erziehung*, München 1978. *Erziehungsziele, Erziehungsmittel, Erziehungserfolg*, München 1981

Broch, Hermann: *Hofmannsthal und seine Zeit*, 1952. *Erkennen und Handeln*, Zürich 1955. *Massenpsychologie*, Zürich 1959.

Brod, Max: *Verzweiflung und Erlösung im Werk Franz Kafkas*, Frankfurt 1959

Buber, Martin: *Schuld und Schuldgefühl*, Heidelberg 1958

Bukowski, Wladimir: *Dieser stechende Schmerz der Freiheit. Russischer Traum und westliche Realität*, Stuttgart 1983 (1981)

Busek, E.; Brix, E.: *Projekt Mitteleuropa*, Wien 1986

Camus, Albert: *Der Mensch in der Revolte*, Hamburg 1953 (1951). *Der Mythos von Sisyphos. Ein Versuch über das Absurde*, Hamburg 1959 (1943)

Canetti, Elias: *Masse und Macht*, Hamburg 1960. *Die gerettete Zunge*, München 1977. *Die Fackel im Ohr*, München 1980. *Das Augenspiel*, München 1985

Chargaff, Erwin: *Unbegreifliches Geheimnis*, Stuttgart 1980. *Bemerkungen*, Stuttgart 1981

Cioran, E. M.: *Geschichte und Utopie*, Stuttgart 1965 (1960). *Der Absturz in die Zeit*, Stuttgart 1972 (1964). *Verfehlte Schöpfung*, Wien 1973 (1969). *Lehre vom Zerfall*, Stuttgart 1978 (1949). *Gevierteilt*, Frankfurt 1982

Clauss, Manfred: *Sparta*, München 1983

Cohn, Norman: *Das Ringen um das tausendjährige Reich. Revolutionärer Messianismus im Mittelalter und sein Fortleben in den modernen totalitären Bewegungen*, Bern 1961

Coudenhove-Kalergi, R. N.: *Los vom Materialismus!*, Wien 1931

Cowen, Painton: *Die Rosenfenster der gotischen Kathedralen*, Freiburg i. Br. 1979

Delumeau, Jean: *Stirbt das Christentum?*, Olten 1978 (1977)
Demetz, Peter: *Marx, Engels und die Dichter*, Stuttgart 1959
Dostojewski, Feodor: *Raskolnikoff*, 1867. *Der Idiot*, 1868. *Die Dämonen*, 1871. *Der Jüngling*, 1875. *Die Brüder Karamasow*, 1880
Dubrovic, Milan: *Veruntreute Geschichte. Die Wiener Salons und Literatencafés*, Wien 1985
Duby, Georges: *Die Zeit der Kathedralen*. Frankfurt 1980 (1976)
Dumoulin, Heinrich: *Östliche Meditation und christliche Mystik*, Freiburg 1966

Eliade, Mircea: *Das Heilige und das Profane*, Hamburg 1957. *Die Sehnsucht nach dem Ursprung*, Wien 1973 (1969)
Engelmayer, Otto: *Einführung in die Wertpsychologie*, Darmstadt 1977
Enste, Maria: *Das Mitteleuropabild Friedrich Naumanns und seine Vorgeschichte*, Marburg 1941
Enzensberger, Hans Magnus: *Politische Brosamen*, Frankfurt 1982
Erdheim, Mario: *Die gesellschaftliche Produktion von Unbewußtheit*, Frankfurt 1982
Erikson, Erik H.: *Identität und Lebenszyklus*, Frankfurt 1966 (1959). *Jugend und Krise*, Stuttgart 1970 (1968)
Etkind, Efim: *Die unblutige Hinrichtung*, München 1978
Ettmayer, Wendelin: *Plädoyer für Mitteleuropa*, Wien 1985

Fest, Joachim: *Hitler*, Frankfurt 1973. *Aufgehobene Vergangenheit*, Stuttgart 1981
Fetscher, Iring: *Überlebensbedingungen der Menschheit*, München 1980
Feuerbach, Ludwig: *Das Wesen des Christentums*, 1841
Flitner, Wilhelm: *Die abendländischen Vorbilder und das Ziel der Erziehung*, Bad Godesberg 1947
Fränkel, Hermann: *Dichtung und Philosophie des frühen Griechentums*, München 1969 (1962)
Frankl, Viktor E.: *Der Wille zum Sinn*, Bern 1978 (1972). *Der Mensch vor der Frage nach dem Sinn*, München 1979. *Der unbewußte Gott*, München 1979. *Das Leiden am sinnlosen Leben*, Freiburg 1980
Freud, Sigmund: *Jenseits des Lustprinzips*, Wien 1920. *Massenpsychologie und Ich-Analyse*, Wien 1921. *Das Ich und das Es*, Wien 1923. *Das ökonomische Problem des Masochismus*, Wien 1924. *Die Zukunft einer Illusion*, Wien 1927. *Das Unbehagen in der Kultur*, Wien 1930. *Warum Krieg?*, Wien 1933. *Vorlesungen zur Einführung in die Psychologie und Neue Folge*, Wien 1917/1933. *Briefwechsel mit O. Pfister 1909–39*. Frankfurt 1963.
Fromm, Erich: *Die Furcht vor der Freiheit*, Frankfurt 1966 (1942). *Die*

Kunst des Liebens, Frankfurt 1971 (1956). *Revolution der Hoffnung. Für eine humanisierte Technik*, Stuttgart 1971 (1968)
Fülöp-Miller, René: *Geist und Gesicht des Bolschewismus*, Wien 1926. *Führer, Schwärmer und Rebellen. Die großen Wunschträume der Menschheit*, München 1934

Gebser, Jean: *Ursprung und Gegenwart*, München 1973 (1949/1953)
Geiger, Theodor: *Die Masse und ihre Aktion*, Stuttgart 1926
Gerlich, Fritz: *Der Kommunismus als Lehre vom Tausendjährigen Reich*, München 1920
Glucksmann, André: *Köchin und Menschenfresser*, Berlin 1976 (1974). *Philosophie der Abschreckung*, Stuttgart 1984 (1983)
Goerdt, Wilhelm: *Russische Philosophie*, Freiburg 1984
Goldmann, Lucien: *Kultur in der Mediengesellschaft*, Frankfurt 1973 (1971)
Gombrich, Ernst: *Kunst und Illusion*, Köln 1967
Gontscharow, Iwan: *Oblomow*, 1859
Grant Michael: *Der Untergang des römischen Reiches*, Bergisch-Gladbach 1977 (1976)
Guardini, Romano: *Das Ende der Neuzeit*, Basel 1950
Gutzkow, Karl: *Die Nihilisten*, 1853

Haase, Kurt: *Das Wesen des Vorbilds*, Darmstadt 1964
Haffner, Sebastian: *Anmerkungen zu Hitler*, Frankfurt 1980. *Im Schatten der Geschichte*, Stuttgart 1985
Hagemann, Walter: *Vom Mythos der Masse*, Heidelberg 1951
Handke, Peter: *Langsame Heimkehr*, Frankfurt 1979. *Über die Dörfer*, Frkft. 1981. *Die Geschichte des Bleistifts*, Salzburg 1982
Harnack, Adolf von: *Die Mission und Ausbreitung des Christentums*, Leipzig 1924
Hartmann, Eduard von: *Das sittliche Bewußtsein*, Leipzig. *Philosophie des Unbewußten*, 3 Bde., 1923 (1869)
Hartmann, Nicolai: *Ethik*, Berlin 1962
Haussig, Hans Wilhelm: *Kulturgeschichte von Byzanz*, Stuttgart 1959
Heitger, Marian: *Bildung und moderne Gesellschaft*, München 1963
Herbert, Zbigniew: *Herr Cogito*, Frankfurt 1974. *Bericht aus einer belagerten Stadt*, Frankfurt 1985 (1983)
Herder, Johann Gottfried: *Briefe zur Beförderung der Humanität* Berlin 1971 (1796)
Hersch, Jeanne: *Die Ideologien und die Wirklichkeit*, München 1981. *Das philosophische Staunen*, München 1981. *Der Feind heißt Nihilismus*, Schaffhausen 1982.

Herz, T.: *Der Wandel von Wertvorstellungen in westlichen Industriegesellschaften*, Kölner Zeitschrift für Soziologie 1979

Hillmann, Karl H.: *Die Wachstumskrise als Wertproblem*, 1975

Hochkeppel, Willy: *Modelle des gegenwärtigen Zeitalters. Thesen zur Kulturphilosophie des zwanzigsten Jahrhunderts*, München 1973

Hoffer, Eric: *Die Angst vor dem Neuen*, Hamburg 1968 (1952)

Hoffmann, Ernst: *Pädagogischer Humanismus*, Zürich 1955

Holthusen, Hans Egon: *Avantgardismus und die Zukunft der modernen Kunst*, München 1964

Hooker, J. T.: *Sparta*, Stuttgart 1982 (1980)

Huber, Joseph: *Wer soll das alles ändern? Die Alternativen der Alternativbewegung*, Berlin 1980

Imhof, Arthur E.: *Die gewonnenen Jahre. Von der Zunahme unserer Lebensspanne oder von der Notwendigkeit einer neuen Einstellung zu Leben und Sterben*, München 1981

Imhof, Ulrich: *Die verlorenen Welten*, München 1984

Ionesco, Eugène: *Die bedrohte Kultur. Salzburger Rede*, München 1972. *Gegengift*, München 1979 (1977). *Für Kultur, gegen Politik*, St. Gallen 1979

Jaensch, E.: *Wirklichkeit und Wert*, Berlin 1929

Jaide, Walter: *Wertwandel? Grundfragen zur Diskussion*, Opladen 1983

Janik, Allan/Toulmin, Stephen: *Wittgensteins Wien*, München 1984 (1973)

Jaspers, Karl: *Psychologie der Weltanschauungen*, Berlin 1960 (1919). *Die geistige Situation der Zeit*, Berlin 1931. *Philosophie I.–III.*, Berlin 1956 (1932). *Vom Ursprung und Ziel der Geschichte*, München 1952. *Die Atombombe und die Zukunft des Menschen*, München 1958. *Der philosophische Glaube angesichts der Offenbarung*, München 1962

Johnston, William: *Österreichische Kultur- und Geistesgeschichte*, Wien 1974 (1972)

Jonas, Hans: *Gnosis und spätantiker Geist, I, II*, Göttingen 1964 (1934)

Jung, C. G.: *Über die Psychologie des Unbewußten*, Frankfurt 1975 (1916/1942). *Seelenprobleme der Gegenwart*, Olten 1973 (1931). *Psychologie und Religion*, Olten 1971 (1939). *Bewußtes und Unbewußtes*, Frankfurt 1975 (1954)

Jünger, Ernst: *In Stahlgewittern*, Stuttgart 1964 (1920). *Das Wäldchen 125*, 1925. *Feuer und Blut*, 1925. *Das abenteuerliche Herz*, 1929. *Aladins Problem*, Stuttgart 1983

Kahn, Hermann: *Ihr werdet es erleben*, Wien 1968. *Vor uns die guten Jahre*, Wien 1977 (1976)

Kamlah, Wilhelm: *Utopie, Eschatologie, Geschichtsteleologie*, Mannheim 1969. *Philosophische Anthropologie. Sprachliche Grundlegung und Ethik*, Mannheim 1973

Kamptis, Peter: *Zwischen Schein und Wirklichkeit*, Wien 1985

Keiler, Peter: *Wollen und Wert*, Berlin 1970

Keilhacker, Martin: *Erziehung und Bildung in der Industriegesellschaft*, Stuttgart 1967

Kierkegaard, Sören: *Der Begriff Angst*, Kopenhagen 1844. *Die Krankheit zum Tode*, Kopenhagen 1849

Kisielewski, Stefan: *An dieser Stelle Europas*, München 1964. *Polen – oder die Herrschaft der Dilettanten*, Zürich 1978

Klages, Helmut: *Die unruhige Gesellschaft*, München 1975

Kmieciak, Peter: *Wertstrukturen und Wertwandel in der Bundesrepublik Deutschland*, Göttingen 1976

Kohn, Hans: *Die Idee des Nationalismus*, Heidelberg 1950 (1945)

Kohut, Heinz: *Narzißmus*, Frankfurt 1973 (1971). *Die Heilung des Selbst*, Frankfurt 1979 (1977)

Kolakowski, Leszek: *Der Mensch ohne Alternative*, München 1960. *Traktat über die Sterblichkeit der Vernunft*, München 1967

Konrad, György: *Antipolitik – Mitteleuropäische Meditationen*, Frankfurt 1985

Kopelew, Lew: *Verbietet die Verbote!*, Hamburg 1977

Kornberg, Otto F.: *Borderline-Störungen im pathologischen Narzißmus*, Frankfurt 1978 (1975)

Koselleck, Reinhart: *Kritik und Krise. Eine Studie zur Pathogenese der bürgerlichen Welt*, Frankfurt 1973 (1959)

Kraft, Viktor: *Die Grundlagen einer wissenschaftlichen Wertlehre*, Wien 1937/51

Kraus, Wolfgang: *Der fünfte Stand. Aufbruch der Intellektuellen in West und Ost*, Bern 1966 (1969). *Die stillen Revolutionäre. Umrisse einer Gesellschaft von morgen*, Wien 1970. *Kultur und Macht. Die Verwandlung der Wünsche*, Wien 1975 (1978). *Die verratene Anbetung. Verlust und Wiederkehr der Ideale*, München 1978. *Die Wiederkehr des Einzelnen. Rettungsversuche im bürokratischen Zeitalter*, München 1980. *Nihilismus heute oder die Geduld der Weltgeschichte*, Wien 1983 (1985)

Krenek, Ernst: *Zur Sprache gebracht*, München 1958. *Im Zweifelsfalle*, Wien 1984

Kreutz, Henrik: *Soziologie der Jugend*, München 1974

Krockow, Christian Graf: *Scheiterhaufen. Größe und Elend des deutschen Geistes*, Berlin 1983

Kuhn, Helmut: *Liebe. Geschichte eines Begriffs*, München 1975

Kühn, Herbert: *Das Erwachen der Menschheit*, Frankfurt 1954. *Der Aufstieg der Menschheit*, Frankfurt 1955. *Die Entfaltung der Menschheit*, Frankfurt 1958
Küng, Hans: *Christ sein*, München 1974. *Existiert Gott?*, München 1978. *Kunst und Sinnfrage*, Zürich 1980. *Ewiges Leben?*, München 1982

Lacarrierl, Jacques: *Die Gott-Trunkenen*, Wiesbaden 1967 (1961)
Laqueur, Walter: *Terrorismus*, Kronberg 1977. *Die deutsche Jugendbewegung*, Köln 1978 (1962)
Lauth, Reinhard: *Die Philosophie Dostojewskis*, München 1950
Leibnitz, G. W.: *Fünf Schriften zur Logik und Metaphysik*, Stuttgart 1966 (1684). *Monadologie*, Stuttgart 1954 (1714)
Lem, Stanislaw: *Phantastik und Futurologie I/II*, Frankfurt 1980 (1964). *Summa technologiae*, Frankfurt 1976 (1964). *Provokation. Besprechung eines ungelesenen Buches*, Frankfurt 1981 (1980). *Also sprach Golem*, Frankfurt 1984
Lemberg, Eugen: *Nationalsozialismus I/II*, Hamburg 1964. *Ideologie und Gesellschaft*, Stuttgart 1971
Lendvai, Paul: *Die Grenzen des Wandels. Spielarten des Kommunismus im Donauraum*, Wien 1977
Lenz, Siegfried: *Das Vorbild*, Hamburg 1973
Lepenies, Wolfgang: *Melancholie und Gesellschaft*, Frankfurt 1972
Lorenz, Konrad: *Das sogenannte Böse*, Wien 1963. *Die acht Todsünden der zivilisierten Menschheit*, München 1973
Lorenzen, Paul: *Die Entstehung der exakten Wissenschaft*, o.O. 1960. Das menschliche Fundament der Mathematik, Salzburg 1967
Löser, Jochen/Schilling, Ulrike: *Neutralität für Mitteleuropa*, München 1984
Löwenthal, Richard: *Gesellschaftswandel und Kulturkrise*, Frankfurt 1979
Löwith, Karl: *Weltgeschichte und Heilsgeschehen*, Stuttgart 1983
Lübbe, Hermann: *Zeit-Verhältnisse. Zur Kulturphilosophie des Fortschritts*, Graz 1983
Lukács, Georg: *Die Zerstörung der Vernunft*, Neuwied 1962 (1954)
Lunatscharski; Anatoli: *Die Revolution und die Kunst*, Dresden 1962

Maier, Hans: *Kulturpolitik*, München 1976. *Anstöße*, Stuttgart 1978. *Staat – Kirche – Bildung*, Freiburg 1984
Malraux, André: *Psychologie der Kunst I, II*, Hamburg 1958 (1947)
Marcel, Gabriel: *Sein und Haben*, Paderborn 1954. *Philosophie der Hoffnung*, München 1957 (1943). *Das ontologische Geheimnis*, Stuttgart 1961. *Tragische Weisheit*, Wien 1974 (1968)

Marquard, Odo: *Abschied vom Prinzipiellen*, Stuttgart 1981. *Schwierigkeiten mit der Geschichtsphilosophie*, Frankfurt 1982. *Apologie des Zufälligen*, Stuttgart 1986
Masaryk, Thomas: *Zur russischen Geschichts- und Religionsphilosophie I/II*, Jena 1913
Maslow, Abraham H.: *Motivation and Personality*, New York 1954. *Psychologie des Seins*, München 1973 (1968)
Mauthner, Fritz: *Wörterbuch der Philosophie*, Zürich 1980 (1910)
McLuhan, Marshall: *Die magischen Kanäle*, Düsseldorf 1968 (1964)
Milosz, Czeslaw: *Verführtes Denken*, Köln 1959
Mitscherlich, Margarete: *Das Ende der Vorbilder*, München 1978
Mühlmann, Wilhelm E.: *Chiliasmus und Nativismus. Studien zur Psychologie, Soziologie und Kasuistik der Umsturzbewegungen*, Berlin 1961
Müller, Martin: *Das Schlaraffenland*, Wien 1984

Naumann, Friedrich: *Mitteleuropa*, Berlin 1915
Nestle, Wilhelm: *Vom Mythos zum Logos*, Aalen 1966 (1940)

Oerter, Rolf: *Die Entwicklung von Werthaltungen während der Reifezeit*, München 1966. *Struktur und Wandlung von Werthaltungen*, München 1970
Ohff, Heinz: *Pop und die Folgen*, Düsseldorf 1968. *Kunst ist Utopie*, Gütersloh 1972
Ortega y Gasset, José: *Der Aufstand der Massen*, Hamburg 1956 (1930). *Vom Menschen als utopischem Wesen*, Stuttgart 1951. *Über die Liebe*, 1933
Otto, Stephan: *Renaissance und frühe Neuzeit*, Stuttgart 1984

Panofsky, Erwin: *Idea*, Berlin 1960 (1924)
Pappi, F. U.: *Gesellschaftliche Wertorientierung und politisches Verhalten*, Zeitschrift für Soziologie 1974 (Heft 2)
Pieper, Josef: *Die Wirklichkeit und das Gute*, München 1949. *Glück und Kontemplation*, München 1957. *Scholastik, Gestalten und Probleme der Mittelalterlichen Philosophie*, München 1978 (1960). *Grundformen sozialer Spielregeln*, Frankfurt 1966. *Auskunft über die Tugenden*, Zürich 1970. *Über die Liebe*, München 1972. *Über den Begriff der Sünde*, München 1977
Platon: *Der Staat. Die Gesetze. Phaidros, oder vom Schönen*
Plotin: *Enneaden*
Popper, Karl R.: *Die offene Gesellschaft und ihre Feinde*, Bern 1957 (1944). *Auf der Suche nach einer besseren Welt*, München 1984

Raith, Werner: *Das verlassene Imperium*, Berlin 1982
Rank, Otto: *Der Künstler*, Wien 1907/25. *Der Mythos von der Geburt des Helden*, Wien 1909. *Die Bedeutung der Psychoanalyse für die Geisteswissenschaften* (Mit H. Sachs), Wien 1913. *Wahrheit und Wirklichkeit*, Wien 1929. *Seelenglaube und Psychologie*, Wien 1930. *Technik der Psychoanalyse*, Wien 1931. *Art and Artist*, New York 1932. *Beyond Psychology*, New York 1958 (1941)
Ratzinger, Joseph: *Einführung in das Christentum*, München 1969
Reichardt, Robert: *Bedürfnisforschung*, Wien 1974. *Prolegomena zu einer humanökologischen Ethik*, in *Proceedings of the International Meeting on Human Ecology*, Saphorin 1976. »*Wertstrukturen im Gesellschaftssystem – Möglichkeiten makrosoziologischer Analysen und Vergleiche*«, in *Wertwandel und gesellschaftlicher Wandel* (Hg. Helmut Klages/Peter Kmieciak), Frankfurt 1979
Reik, Theodor: *Dogma und Zwangsidee*, Stuttgart 1973 (1927). *Das Verlangen, geliebt zu werden*, München 1974 (1963). *Aus Leiden Freuden. Masochismus und Gesellschaft*, Hamburg 1977 (1941)
Revel, Jean-François: *Die totalitäre Versuchung*, Berlin 1976. *So enden die Demokratien*, München 1984 (1983)
Revesz, Laszlo: *Die Sprache als Waffe*, 1983
Ricoeur, Paul: *Die Interpretation. Ein Versuch über Freud*, Frankfurt 1969
Riesman, David: *Wohlstand wofür?*, Frankfurt 1966 (1964)
Ringel, Erwin: *Selbstschädigung durch Neurose*, Freiburg 1973. *Das Leben wegwerfen?*, Wien 1978
Rintelen, Fritz-Joachim von: *Der Wertgedanke in der europäischen Geistesentwicklung*, 1930
Rombold, Günther: *Kunst – Protest und Verheißung*, Linz 1976
Ross, Werner: *Briefe an einen jungen Ungläubigen*, Freiburg 1984. *Tod der Erotik*, Graz 1986
Rosteutscher, J.H.W.: *Die Wiederkunft des Dionysos. Der naturmystische Irrationalismus in Deutschland*, Bern 1947
Rougemont, Denis de: *Die Liebe und das Abendland*, Köln 1966 (1939). *Europa, vom Mythos zur Wirklichkeit*, München 1962 (1961). *Die Zukunft ist unsere Sache*, Stuttgart 1980
Rudé, George: *Die Volksmassen in der Geschichte*, Frankfurt 1977 (1964)
Ruyer, Raymond: *Jenseits der Erkenntnis. Die Gnostiker von Princeton*, Wien 1977 (1974)

Sacharow, Andrej D.: *Wie ich mir die Zukunft vorstelle*, Zürich 1968. *Furcht und Hoffnung*, Wien 1980
Sarkisyanz, Emanuel: *Rußland und der Messianismus des Orients*, Tübingen 1955

Sedlmayr, Hans: *Verlust der Mitte*, Salzburg 1948. *Die Revolution der modernen Kunst*, Hamburg 1955. *Kunst und Wahrheit*, Hamburg 1958. *Der Tod des Lichtes*, Salzburg 1964. *Gefahr und Hoffnung des Technischen Zeitalters*, Salzburg 1970. *Die Entstehung der Kathedrale*, Graz 1976 (1950)

Sokel, Walter H.: *Der literarische Expressionismus*, München 1959

Solschenizyn, Alexander: *Von der Verantwortung des Schriftstellers I/II*, Zürich 1969/70. *Nobelpreisrede*, München 1973. *Warnung*, Berlin 1980

Sontheimer, Kurt: *Das Elend unserer Intellektuellen*, Hamburg 1976. *Zeitenwende?*, Hamburg 1983

Spaemann, Robert: *Mut zur Erziehung*, Stuttgart 1979

Spengler, Oswald: *Der Untergang des Abendlandes I/II*, München 1972 (1923)

Sperber, Manès: *Zur täglichen Weltgeschichte*, Köln 1967. *Leben in dieser Zeit*, Wien 1972. *Zur Analyse der Tyrannis*, Wien 1975. *Essays*, Wien 1981

Spranger, Eduard: *Das deutsche Bildungsideal der Gegenwart in geschichtsphilosophischer Beleuchtung*, Leipzig 1928. *Lebensformen*, Heidelberg 1925.

Swoboda, Helmut: *Utopia*, Wien 1972

Szczesny, Gerhard: *Das sogenannte Gute*, Hamburg 1971

Scheler, Max: *Vom Ewigen im Menschen*, Bern 1954 (1920)

Schelsky, Helmut: *Die skeptische Generation*, Düsseldorf 1957

Schlesinger, Abraham: *Der Begriff des Ideals*, Würzburg 1908

Schlick, Moritz: *Fragen der Ethik*, Wien 1930

Schneider, Carl: *Kulturgeschichte des Hellenismus I/II*, München 1969. *Geistesgeschichte der christlichen Antike*, München 1970 (1954)

Schorske, Carl: *Wien, Geist und Gesellschaft im Fin de Siècle*, Frankfurt 1982 (1979)

Schuchardt, W./Rieche, H. (Hg.): *Mitteleuropa*, Stuttgart 1978

Schumacher, E. F.: *Die Rückkehr zum menschlichen Maß*, Hamburg 1977 (1973)

Schumpeter, Joseph A.: *Kapitalismus, Sozialismus und Demokratie*, Bern 1950 (1942)

Schwan, Alexander: *Humanismus und Christentum; Pluralismus und Wahrheit*, in *Christlicher Glaube in moderner Gesellschaft*, Bd. 19, Freiburg 1981. *Legitimation*, in *Christlicher Glaube...*, Bd. 27, Freiburg 1982. *Theorie als Dienstmagd der Praxis*, Stuttgart 1983

Schweitzer, Albert: *Kultur und Ethik, Verfall und Wiederaufbau der Kultur*, München 1972 (1923). *Straßburger Predigten*, München 1966

Sterling, Claire: *Das internationale Terror-Netz*, Bern 1981
Stern, Alfred: *Geschichtsphilosophie und Wertproblem*, München 1967
Stern, Fritz: *Kulturpessimismus als politische Gefahr*, Bern 1963
Strümpel, B.: *Die Krise des Wohlstands*, Stuttgart 1977

Talmon, J. L.: *Politischer Messianismus I/II*, Köln 1963
Teilhard de Chardin, Pierre: *Die Zukunft des Menschen*, Olten 1963 (1959)
Theimer, Walter: *Geschichte der politischen Ideen*, Bern 1973 (1955)
Thielicke, Helmut: *Brauchen wir Leitbilder?*, Hamburg 1961
Thomae, Hans: *Vorbilder und Leitbilder der Jugend*, München 1965
Todt, Eberhard: *Das Interesse*, Bern 1978
Topitsch, Ernst: *Sozialphilosophie zwischen Ideologie und Wissenschaft*, Neuwied 1961. *Gottwerdung und Revolution*, Pullach 1973
Toynbee, Arnold J.: *Der Gang der Weltgeschichte I–IV*, München 1970 (1950). *Die Zukunft des Westens*, München 1964 (1961)
Turgenjew, Iwan: *Väter und Söhne*, 1862

Weber, Alfred: *Abschied von der bisherigen Geschichte, Überwindung des Nihilismus?*, Bern 1946. *Der dritte oder der vierte Mensch*, München 1953
Weber, Max: *Aufsätze zur Religionssoziologie*, Tübingen 1963 (1920)
Weil, Simone: *Zeugnis für das Gute*, Olten 1976
Weischedel, Wilhelm: *Skeptische Ethik*, Frankfurt 1976. *Der Gott der Philosophen I/II*, München 1979 (1971)
Werfel, Franz: *Nicht der Mörder, der Ermordete ist schuldig*, 1920. *Barbara oder die Frömmigkeit*, 1929. *Zwischen Oben und Unten*, Hg. Adolf Klarmann, München 1975
Whitehead, A. N.: *Abenteuer der Ideen*, Frankfurt 1971 (1933)
Willing, Karl: *Der Geist Spartas*, Berlin o. J.
Wittfogel, Karl A.: *Die orientalische Despotie*, Köln 1962 (1957)
Wittgenstein, Ludwig: *Vermischte Bemerkungen*, Frankfurt 1977

Zand, Herbert: *Träume im Spiegel, Essays*, Wien 1973
Zimmermann, G.: *Sozialer Wandel und ökonomische Entwicklung*, Stuttgart 1969
Zottl, Anton: *Otto Rank*, München 1982

2. *Sammelwerke*

Abschied von Utopia, Hg. Oskar Schatz, Graz 1977
Anatomie des Glücks, Hg. H. Kundler, Köln 1971
Aufstand der Jugend?, Hg. K. R. Allerbeck und L. Rosenmayr, München 1971
Die Fragmente der Vorsokratiker, Hg. Hermann Diels, Hamburg 1957
Freiheit. Theoretische und praktische Aspekte der Problems, Hg. J. Simon, Freiburg 1977
Gewissen?, Hg. Helmut Holzhey, Basel 1975
Handbuch der empirischen Sozialforschung, Hg. R. König, Stuttgart 1976
Hemmende Strukturen in der heutigen Industriegesellschaft, Rüschlikon 1969
Kultur, Hg. Carl August Schmitz, Frankfurt 1963
Die russische Intelligentsia, Hg. Richard Pipes, Stuttgart 1962 (1961)
Terror und Spiel, Hg. Manfred Fuhrmann, München 1971
Utopie, Hg. A. Neusüss, Neuwied 1968
Die Vorsokratiker, Hg. Wilhelm Capelle, Stuttgart 1968
Die Vorsokratiker, Hg. Wilhelm Nestle, Düsseldorf 1956
Die Welt der Glasfenster, Freiburg i. Br. 1977
Wertwandel und gesellschaftlicher Wandel, Hg. Helmut Klages und Peter Kmieciak, Frankfurt 1979
Wunschtraum und Experiment, Hg. F. E. Manuel, Freiburg 1970

Bitte umblättern:

Wolfgang Kraus

Nihilismus heute

oder Die Geduld der Weltgeschichte

Fischer Taschenbuch Band 4348

»Dieses Buch ist eine Warnung ... Wenn nur die Menschen Bücher lesen und Warnungen verstehen könnten! Vielleicht wären dann viele Katastrophen vermieden worden.

Efim Etkind

Was wurde aus jenem programmatischen Nihilismus, den revolutionäre Denker vor der Jahrhundertwende in ganz Europa proklamierten, von dessen anarchischer Aufbruchstimmung sich Dichter inspirieren ließen und der in ganz Europa die Ära der großen Revolutionen einläutete? Seine Spuren in Kunst, Philosophie und Psychologie verfolgend, gelingt es Wolfgang Kraus, erstmalig aufzuzeigen, daß dieser historische Nihilismus nur der Auftakt zu einem tiefgreifenden allgemeinen Bewußtseinswandel war, daß er sich unmerklich zu einer Massenneurose weiterentwickeln konnte, die sich als die eigentliche Wurzel der drängendsten Probleme der Gegenwart erweist. Die Geduld der Weltgeschichte wird heute auf eine härtere Probe gestellt als jemals zuvor. Mit zunehmender Erkenntnis der Lage wächst jedoch auch die Hoffnung auf ihre Überwindbarkeit.

Fischer Taschenbuch Verlag

fi 1009 / 1

Philosophie

Elias Canetti
Masse und Macht
Band 6544

Funk-Kolleg
Praktische Philosophie
Ethik: Dialoge
2 Bände: 6856/6857
Praktische Philosophie
Ethik
Reader 1 und 2
2 Bände: 6854/6855

Max Horkheimer
Gesellschaft im Übergang
Aufsätze, Reden und Vorträge
1942–1970
Werner Brede (Hg.). Band 6545
Sozialphilosophische Studien
Aufsätze, Reden und Vorträge
1930–1972
Werner Brede (Hg.). Band 6540
Traditionelle und kritische Theorie
Vier Aufsätze. Band 6015
Zur Kritik der instrumentellen Vernunft. Band 7355

Max Horkheimer/
Theodor W. Adorno
Dialektik der Aufklärung
Philosophische Fragmente
Band 6144

Martin Jay
Dialektische Phantasie
Die Geschichte der Frankfurter Schule und des Instituts für Sozialforschung. Band 6546

Susanne K. Langer
Philosophie auf neuem Wege
Das Symbol im Denken, im Ritus und in der Kunst
Band 7344

Karl Marx/Friedrich Engels
Studienausgabe in 4 Bänden
Iring Fetscher (Hg.)
Philosophie
Bd. 1/6059
Politische Ökonomie
Bd. 2/6060
Geschichte und Politik
Bd. 3/6061
Geschichte und Politik 2
Bd. 4/6062

Joachim Schickel
Philosophie als Beruf
Band 7315

Hans Joachim Störig
Kleine Weltgeschichte der Philosophie
Band 6562

Carl Friedrich von Weizsäcker
Der Garten des Menschlichen
Beiträge zur geschichtlichen Anthropologie. Band 6543

Wissenschaft bei S. Fischer

Philippe Ariès / André Bejin / Michel Foucault u. a.
Die Masken des Begehrens und die Metamorphosen der Sinnlichkeit auch TB
272 Seiten. Broschur 7357

Fernand Braudel/ Georges Duby/ Maurice Aymard
Die Welt des Mittelmeeres
189 Seiten. Geb.

Umberto Eco
Apokalyptiker und Integrierte
312 Seiten. Broschur

Jacques Heers
Vom Mummenschanz zum Machttheater
Europäische Festkultur im Mittelalter
350 Seiten. Leinen

Russell Jacoby
Die Verdrängung der Psychoanalyse oder Der Triumph des Konformismus
230 Seiten. Broschur

Herfried Münkler
Im Namen des Staates
428 Seiten Geb.

Alfred Lorenzer
Intimität und soziales Leid
224 Seiten. Geb.

Ulrich K. Preuß
Politische Verantwortung und Bürgerloyalität
295 Seiten. Broschur

Dieter Richter
Das fremde Kind
249 Seiten. 33 Abb. Leinen

Marthe Robert
Einsam wie Franz Kafka
234 Seiten. Geb.

Richard Sennett
Verfall und Ende des öffentlichen Lebens
408 Seiten. Geb.
Autorität
238 Seiten. Broschur

Jean Starobinski
Porträt des Künstlers als Gaukler
Drei Essays. Mit zahlreichen Abbildungen
168 Seiten. Leinen

Roberto Mangabeira Unger
Leidenschaft
Ein Essay über Persönlichkeit
302 Seiten. Leinen

Fischer Wissenschaft

Eine Auswahl

Philippe Ariès / André Béjin / Michel Foucault u. a.
Die Masken des Begehrens und die Metamorphosen der Sinnlichkeit
Zur Geschichte der Sexualität im Abendland
Band 7357

Gaston Bachelard
Poetik des Raumes
Band 7396

Umberto Eco
Apokalyptiker und Integrierte
Zur kritischen Kritik der Massenkultur
Band 7367

Moses I. Finley
Quellen und Modelle in der Alten Geschichte
Band 7373

Michel Foucault
Von der Subversion des Wissens
Band 7398

François Furet / Denis Richet
Die Französische Revolution
Band 7371